U1009713

| 高等教育现代化研究丛书 |

董泽芳◇主编

地方普通本科高校
课堂教学方法改革研究

DIFANG PUTONG BENKE GAOXIAO
KETANG JIAOXUE FANGFA GAIGE YANJIU

徐　红　彭军军／著

華中師範大學出版社

新出图证（鄂）字 10 号
图书在版编目（CIP）数据

地方普通本科高校课堂教学方法改革研究/徐红，彭军军著. —武汉：华中师范大学出版社，2022.12

（高等教育现代化研究丛书 / 董泽芳主编）

ISBN 978-7-5622-9984-4

Ⅰ.①地… Ⅱ.①徐… ②彭… Ⅲ.①高等学校—课堂教学—教学改革 Ⅳ.①G642.421

中国版本图书馆 CIP 数据核字（2022）第 246332 号

地方普通本科高校课堂教学方法改革研究

© 徐 红 彭军军 著

责任编辑：王中宝　　责任校对：王 胜　　封面设计：罗明波

编辑室：学术出版中心　　电话：027-67867792

出版发行：华中师范大学出版社有限责任公司

社址：湖北省武汉市洪山区珞喻路 152 号　　邮编：430079

电话：027—67863426（发行部）　　传真：027—67863291

网址：http://press.ccnu.edu.cn　　电子邮箱：press@mail.ccnu.edu.cn

印刷：湖北恒泰印务有限公司　　督印：刘 敏

开本：710mm×1000mm 1/16　　印张：12.75

版次：2023 年 6 月第 1 版　　印次：2023 年 6 月第 1 次印刷

字数：183 千字　　定价：64.00 元

欢迎上网查询、购书

敬告读者：欢迎举报盗版，请打举报电话 027-67867353

总　序

教育是国之大计、党之大计。党的二十大报告提出了“实施科教兴国战略，强化现代化建设人才支撑”的重要论断，围绕教育优先发展、科技自立自强、人才引领驱动等作出新的全面部署。这为我们在全面建设社会主义现代化国家新征程上加快建设教育强国、科技强国、人才强国指明了方向。

高校承担着人才培养、科学研究、社会服务、文化传承创新与国际交流合作等重要职能，是教育高地、科技高地、人才高地的融合体。习近平总书记指出，高等教育发展水平是一个国家发展水平和发展潜力的重要标志。国家对高等教育的需要比以往任何时候都更加迫切，对科学知识和卓越人才的渴求比以往任何时候都更加强烈。实现高等教育现代化是实现教育现代化的核心内容，是建设教育强国、科技强国与人才强国的重要保障，是全面实现中国式现代化的强大基础，是推进中华民族伟大复兴的先导工程。

实现我国高等教育现代化，既要顺应国际高等教育的发展潮流，符合全球高等教育发展的共同愿景，体现世界一流的高等教育理念、体系、质量和水平；也要具有鲜明的中国特色，契合中国的国情，坚持社会主义办学方向，重视对优秀传统文化、核心价值理念和正确教育思想的弘扬，走出一条在高等教育大国基础上建设高等教育强国的道路；还要遵循我国现代化发展、教育现代化发展与人才发展自身的规律。高等教育现代化是一个立足本国、向他国学习，并不断自我创新的过程。基于此，我国高等教育现代化应该是立足于人口规模巨大国情的现代化，是追求人的全面发展、全体人民共同富裕、物质文明和精神文明协调并进、人与自然和谐共生的现代化，走和平发展道路的现代化。

实现我国高等教育现代化要把握机遇，用好机遇。当今世界正处于国际形势大变动时期，中国的发展也进入新时代，综观国际、国内形势，我国正处在进一步发展的重要战略机遇期，这为高等教育现代化发展提供了千载难逢的机遇。如世界经济格局新变化为高等教育现代化提供了强大的外部动力，“科教兴国”与“人才强国”战略为高等教育现代化建设提供了重要的战略支撑，经济持续发展与对高教投入加大为高等教育现代化发展提供了必要的物质保障，全党全社会对“教育优先发展”战略的认识深化为高等教育现代化发展创造了良好的精神环境，广泛的国际开放与合作背景拓宽了我国高等教育现代化国际交流平台，等等。在促进我国高等教育现代化发展的进程中，我们必须以高度的使命感把握机遇，用好机遇。

实现我国高等教育现代化也必须正视问题、研究问题。这些问题主要有：一是有些理念滞后，表现在很多大学对大学主体是什么、为什么办大学以及大学应该怎样办等缺乏深层次的理性认识；二是价值取向偏颇，表现在重功利价值轻学术价值，重科技价值轻人文价值，重局部近期价值轻整体长远价值，重个人发展价值轻社会发展价值，重效率价值轻公平价值，重适应社会的价值轻社会导引的价值，重分化的价值轻整合的价值，重维护稳定价值轻改革创新等方面，价值取向上的偏颇必然导致办学方向的迷茫、培养目标的模糊与高等教育功能的萎缩；三是发展定位不当，表现在我国当前许多高校在定位上仍然存在着办学目标雷同、服务面向不清、办学层次混乱、发展模式单一、办学特色淡化等问题；四是经费投入不足，表现在我国生均财政经费偏低，不同地区高校生均经费差距很大，公办高校经费投入与规模发展不相适应，不少高校的硬件建设和软件建设受到极大限制；五是制度建设薄弱，表现在大学与政府、社会的关系尚未理顺，大学自身的主体性的失落，有些大学内部也因种种原因出现行政权力异化，如职能官位化、作风衙门化、学术行政化等现象；六是教师现状堪忧，表现在部分高校教师人文素质偏低、敬业意识淡薄、价值观念偏颇和师德教风不佳等方面；七是培养模式僵化，反映在部分高校培养目标过专、专业划分过细、专业设置求全、教学方法重灌、学习方法过死、评价方法单一等；八是教学质量堪忧，主要反映在学生的自主学习能力不高、实践能力偏弱、创新人才较差等方面。我们必须以高度的责任感研究问题、破解难题。

本套丛书正是基于上述认识，围绕我国社会现代化进程中高等教育现代化面临的问题进行了探究。如有专著根据高等教育现代化是为了实现科教强国、人才强国的目标，将有效开发高校人力资源作为研究对象，以当今国际形势变动、国内发展转型、学校自身变革对高校教师开发以及人才培养的需求为研究切入点，重点评介了国内外高校人力资源开发与管理的相关理论，结合对当前高校人力资源开发与管理现状的调查研究，着重分析了高校人力资源选、用、管、评的机制优化与实施策略。有专著依据我国高等教育现代化追求公平与质量并重的目标，阐释了评价考生入学公平的最终标准是人人都能接受适合自己的高质量高等教育，人人都能成为社会的有用之才，人人都有出彩的机会；高等教育分流机制创新的根本目的是促进高等教育公平，前提条件是保证教育质量，高等教育分流机制创新必须合目的性、合规律性、合条件性。有专著认为实现乡村振兴是我国高等教育现代化的重要任务，提出了“培育一粒种子，带动一个专业，服务一群产业，扶持一方经济”“以师兴乡”的办学理念，开展了研究生层次乡村工匠之师培养培训创新实践与理论研究，总结出了“三界共振＋三双共振＋三术共振”要素之和及其相互作用的“全息共振”模式。有专著围绕高等教育对乡村振兴的智力支持的理念，采用访谈、个案等形式对某些具有典型性的农村社区进行实证调查，分析了高等教育对乡村振兴进行智力渗透方面的成绩与问题，提出了实现高等教育为乡村振兴提供切实有效智力支持的对策建议。有专著基于“制度—环境—行为”和“行为—环境—制度”两条主线，围绕制度、社会结构与组织环境、行为主体三大中心及其相互作用，对应用型本科高校教师工作考核制度的变迁机制和运行现状进行了探究。有专著立足于高等教育现代化是追求全体人民共同富裕、城乡协调发展的现代化，提出高师实践教学改革应以实习支教为抓手，整合教师教育实践教学改革和农村师资补充，建构地方政府推动下高校实习生、高校教师、乡村教师与城镇教师循环流转的“四元多维”模式，以促进贫困地区教育发展。有专著基于高职院校服务战略产业的方向，研究了区域战略性新兴产业对人才的需求，调查了职业院校人才培养现状，探讨和建构了推进职业院校服务区域战略性产业的路径和相关政策保障。有专著根据高等教育现代化的目标，从新制度主义理论视角出发，研究了推动高校分类发展，引导应用型本科高校特色发展，完善教师权益保障制度、工资薪酬制度和职称评定制度等的思路与对策。有专著以 112 所地方本科师范院校为样本，对组织目标、组织结构、组织行为等方面的转型问题进行了研究，提出了建立省级统筹下的教师教育体系、形成分类评估的制度、促进适合区域特色的本土化发展之路等对策。有专著基于知识生产模式理论的分析视角，综合运用多种方法，研究了西南地区地方高校的学科建设问题，剖析了地方高校与学科、地方高校与知识、学科与知识的逻辑关系，总结了西南地区地方高校学科建设的基本经验，梳理了地方高校学科建设中的主要问题，提出了在高等教育现代化进程中优化地方高校学科建设的基本路径。有专著以教育博士专业学位研究生培养模式为研究对象，以知识生产模式转型为理论视角，考察了我国教育博士专业学位研究生培养中的问题，提出了构建“系统集群—结构要素”组合的教育博士专业学位研究生培养模式和改革路径。

本套丛书在选题上都是紧紧围绕高等教育现代化发展，立足于问题研究，着眼于学科发展，致力于实践服务，既有宏观的政策考察，也有中观的制度分析，更有微观的对策探讨；书中提出的可行性建议与举措，对促进我国高等教育改革与发展具有一定的参考价值，希望能为构建中国式现代化高等教育体系，推进高等教育现代化发展贡献微薄之力。本套丛书的作者有些是资历尚浅的青年学者，书中有些观点和论证还显稚嫩和不足，但他们对教育深厚的人文情怀与现实关切令人感动。

中国高等教育现代化建设是一个系统工程，还有许多值得研究的问题。由于作者水平所限，以及对高等教育现代化发展的规律认识不深，本套丛书必有诸多不足，希望诸位读者不吝赐教。在此要特别感谢华中师范大学出版社领导、编辑部主任及各位编辑对本套丛书的大力支持。

董泽芳

2023 年 5 月 12 日

前　　言

在知识呈几何级数之态暴增、科技以日新月异之势发展的当今时代，高等教育因其重大价值日益凸显而渐居社会中心，并深受人们关注。尤其是，在我国致力于建设高等教育强国，高等教育进入普及化阶段的当下，社会各界对高等教育的关注程度更是明显提升。地方普通本科高校作为昔日承载大众化高等教育而当前承载普及化高等教育的主要场所，由于其位居本科办学层次、总体数量相对庞大、学科专业涵盖广泛、培养学生人数众多、办学条件参差不齐，因而其办学质量自然受到普遍重视。人才培养是高校的第一职能，育人是高校的应然使命。课堂是高校育人的重要阵地，课堂教学是高校育人的主要渠道。正因如此，在全社会高度关注高校创新创业教育、课程思政、教育高质量发展及“金课”建设的新时代背景下，千方百计提高地方普通本科高校课堂教学质量至关重要。课堂教学方法与课堂教学质量密不可分，高质量的课堂教学离不开高成效的课堂教学方法，为了通过改进课堂教学方法的手段提高课堂教学质量，不仅不少地方普通本科高校教师在改革课堂教学方法的实践层面做了诸多努力，而且不少学者聚焦地方普通本科高校课堂教学方法改革这一主题做了大量探讨。遗憾的是，迄今为止，尚无系统阐述地方普通本科高校教学方法改革状况的研究成果。针对这一现实，本书立足已有相关研究成果，基于大样本实证调查与个案质性分析，全面扫描地方普通本科高校教学方法改革的现状，深度剖析其中存在的障碍性问题，有效探寻相应的破解对策。

本书紧紧围绕“文献梳理—理论探讨—实证调查—质性研究—对策探索”的研究思路展开。全书主要包括六个部分。

第一部分为绪论。本部分在阐述研究背景及文献梳理的基础上，阐明本书的研究目的与意义、研究思路与方法。

第二部分为本书的第一章。本部分对“地方普通本科高校”“课堂教学方法”“课堂教学方法改革”等核心概念进行界定，并阐述诸如建构主义理论、交往行动理论及教学过程最优化理论等与本书有关论述存在密切关系的几个基本理论。

第三部分为本书的第二章。本部分从实证调查的角度，以全国15所地方普通本科高校为调研对象，全面扫描其课堂教学方法改革现状。本书指出，当前，地方普通本科高校在课堂教学方法改革上投入明显增加但成效不大，诸多课堂教学方法改革呈现出实践形式有余而实质不足的特点，且总体上看，教师多有课堂教学方法改革尝试但坚持不够，师生对课堂教学方法改革成效的满意度不高。

第四部分为本书的第三章。本部分立足“障碍性问题”之视角，从课堂教学管理、课堂教学方法改革管理、课堂教学方法改革师资及学生课堂学习素养四个层面，窥探地方普通本科高校课堂教学方法改革过程中的系列问题，并对其中不利于课堂教学方法改革顺利实施的障碍性问题进行深入而全面的分析。

第五部分为本书的第四章。本部分以“解剖麻雀”的手段，以一所综合性地方普通本科高校为个案进行质性研究，进一步从课堂教学管理、课堂教学方法改革管理、课堂教学方法改革师资以及学生课堂学习素养四个层面，对其中存在的有碍于课堂教学方法改革的系列障碍性问题再次进行深度解剖。

第六部分为本书的第五章。本部分立足思辨的立场，基于实证调查与质性研究的结果，对地方普通本科高校课堂教学方法改革的有效对策进行深度反思。本书指出，健全课堂教学管理体制，改进课堂教学方法改革管理，提升教师课堂教学方法改革素养，提高学生课堂学习素质，是新时代背景下地方普通本科高校课堂教学方法改革的有效方略。

本书的创新之处主要有三：一是研究背景新。本书是首次同时兼顾“创新创业教育”“课程思政”“金课”建设（一流课程建设）、“教育高质量发展”四大时代背景展开研究的成果；二是研究主题新。本书是首次聚焦“地方普通本科高校课堂教学方法改革”这一主题，运用质性研究、理论研究与实证研究相结合的综合性研究方法展开研究的成果；三是研究视角新。本书首次立足“高校教务管理者”“高校教师”及“高校学生”三重视角，对地方普通本科高校教学方法改革过程中存在的障碍性问题进行深度调查与分析。

本书最大的问题在于，问卷调查涉及的样本有限。受新冠肺炎疫情的影响，本书所涉及的调查对象只有 15 所地方普通本科高校的教务管理者及教师和学生，这是我们感到十分遗憾的地方，在后续研究中，理应进一步扩大样本，进一步增强相关研究结论的说服力。此外，本书最后一章所主张的部分观点还有待于在实践中接受进一步检验。所有不足之处，都将是我们后期继续努力改进完善的方向。

值得指出的是，本书是在我们前期相关研究成果的基础上，立足新时代背景进行再次思考之后撰写而成。在撰写本书的过程中，我们参阅了国内外诸多学者的相关研究成果，且引用或借鉴了其中的不少观点，尽管我们对其进行过再三核对并相应标识了引用与注释，但可能仍然存在个别观点在书中未加标识的情况，在此，我们对相应作者（研究者）表示深深的歉意与由衷的谢意！

本书能够获得资助出版，一是离不开华中师范大学董泽芳教授的推荐，二是离不开华中师范大学出版社的支持。本书在出版过程中得到了华中师范大学出版社社长、冯会平主任等领导的诸多帮助，出版社的编辑为本书的修改工作提出了诸多宝贵建议并亲自帮忙查找本书的相关疏漏。在此，对他们的付出一并表示诚挚的感谢！

最后，尤值一提的是，鉴于我们的研究水平、精力及时间均为有限，可能使得书中某些观点或结论缺乏足够的论证或存在论证偏失的问题，诚望广大读者在谅解的同时逐一批评指正，谢谢大家！

徐　红　彭军军

2022 年 8 月 15 日

目　　录

绪　言

课堂教学虽有法可循，但无恒定的方法可以依赖，尤其是，出于不同历史时期对课堂教学目标与课堂教学内容的不同需要，课堂教学的方法也会随之发生相应变化，从而促发课堂教学方法改革。正因如此，课堂教学方法改革便成为一个常谈常新的话题。当今时代，随着国际社会全方位的立体性竞争，教育竞争因教育本身存在或显或隐的重大价值而在众多竞争中成为一个相当耀眼的角逐场域，在此背景下，各国竞相从多方面加大了对教育发展的关注力度。我国作为一个自古以来都极为重视教育的国家，自然更是重视教育的发展。从高等教育领域看，近年来，我国相继主张高校加强创新创业教育、课程思政、“金课”建设及教育高质量发展，显然，这些主张的践行无一不与课堂教学有关，而这些主张的落实无一不需改革传统的课堂教学方法。在整个高校系统中，由于地方普通本科高校的办学条件因历史与现实等多重原因而事实上参差不齐，且其总数量占比相对很大，其招生规模总体相对庞大，加之培养人才类型为层次相对较高的本科，因而成为践行大学生创新创业教育、高校课程思政、高校“金课”建设及高等教育高质量发展的重要生力军。不言而喻，地方普通本科高校课堂教学方法改革的状况与大学生创新创业教育、高校课程思政、高校“金课”建设及高等教育高质量发展的落实情况密切相关。为此，本书将紧紧围绕“课堂教学方法改革”这一关键议题，阐述当下地方普通本科高校教学方法改革的现状，挖掘其课堂教学方法改革中存在的相应障碍问题及其背后的根源，并致力于发掘与之相应的破解方略。

一、研究缘起

著作是关于某一专门研究主题的系统阐述，毋庸置疑，任何著作必然是基于某种（些）原因的创造性活动，即必然有着一定的研究缘起，本著作亦不例外。之所以撰写本著作，主要源于以下四大原因。

（一）地方普通本科高校改革课堂教学方法有助于创新创业教育的开展

当今时代，国与国之间的竞争态势日趋激烈且纷繁复杂，既有政治领域的竞争，还有经济、军事、文化等其他领域的竞争。审视万千类型的竞争，人们发现其根本的竞争其实是创造性人才的竞争。放眼世界各国，当前，高校几乎都已成为培养创造性人才的重要场所，并承担着培养创造性人才的历史使命。我国亦是如此。为培养一批又一批创造性人才，我国教育部于 2010 年 5 月在《关于大力推进高等学校创新创业教育和大学生自主创业工作的意见》中明确要求高校开展创新创业教育。创新创业教育是一种实用性很强的综合性教育，不同于传统上高校的理论类教育或实践类教育，为应对这种综合性教育，广大高校理应改革传统的课堂教学方法。地方普通本科高校由于自身的数量及培养学生的数量相对较多、培养人才的层次相对较高且遍及全国，因而，地方普通本科高校的创新创业教育在整个高校创新创业教育体系中具有举足轻重的作用。因此，地方普通本科高校改革课堂教学方法，不仅有助于其本身开展创新创业教育，而且因其在一定意义上可以起到创新创业教育的示范效应而带动其他类型高校开展创新创业教育。

（二）地方普通本科高校改革课堂教学方法有助于课程思政的实施

传统上，高校主要是作为一个专门探究高深学问的场所而存在，传授、传播与创新高深学问成为各级各类高校的责任与使命。但是，近年来，在立德树人理念的指导下，实施课程思政已成为我国广大高校的“共识”与“共行”。课程思政既不是思政课程，更不是简单的思想政治课程或思想教育课程，而是课程中显现或蕴含的思想政治教育，实施课程思政，就是在课程教学过程中直接或间接地引入思想政治教育，将思想政治教育渗透到各门课程之中，从而达到立德树人的教育目的。高校实施课程思政，就是要求广大高校教师在每一门课程中都践行思政育人，广大高校教师不能仅做专业知识的传授者与引领者，而且还要做学生品格与品行的塑造者与引导者。显然，为了课程思政在高校的每门课程中都能顺利而有效实施，高校必须改革传统的课堂教学方法。同样地，因地方普通本科高校在整个高校系统中具有其他高校不可替代的辐射效应，因而其改革课堂教学方法不仅有助于其自身实施课程思政，而且有助于其他类型高校实施课程思政。

（三）地方普通本科高校改革课堂教学方法有助于“金课”的建设

“金课”即金牌课程，从高校的角度看，“金课”也叫一流课程。从目前的情况看，高校有线上课程、线下课程、线上线下混合课程、虚拟仿真课程、社会实践课程五类一流课程，高校建设“金课”，通常就是指建设上述五类一流课程。毋庸争辩，上述五类课程不仅从课程类型上与传统课程有所差别，而且从课程形式与课程实施等方面与传统课程的差别也十分明显。不言而喻，课程内容、课程形式与课程实施的不同，其课堂教学方法理当有别。此外，诸如雨课堂、腾讯会议、钉钉、QQ、微信等信息技术相继引入高校课堂教学之中。上述这些现实的存在，都直接或间接呼吁地方普通本科高校在建设以上五类“金课”的过程中加强课堂教学方法改革。换言之，高校改革课堂教学方法其实就是回应现代教育信息技术背景下“金课”建设的需要。

（四）地方普通本科高校改革课堂教学方法有助于高等教育高质量的发展

高等教育质量既是高校发展的生命线，也是决定国家发展的动力源。党的十九届五中全会之后，教育高质量发展明确成为高校发展的目标与追求。那么，高校何以能够实现教育高质量发展呢？毋庸置疑，课堂是高校实施教育的主要场所，改革高校课堂教学内容与课堂教学方法，是高校落实教育高质量发展的重大前提与关键手段。值得指出的是，相比课堂教学内容改革来说，课堂教学方法改革更为重要。这是因为，教学内容是通过一定的教学方法而完成的[①]，教学方法是实现教学目标的手段，它直接关系到人才培养的质量。目前，我国高等教育已从大众化阶段步入普及化阶段，本科层次的教育规模日益扩大，在一定程度上说，“抓好本科教学是提高整个高等教育质量的重点和关键”[②]。遗憾的是，从现阶段的情况看，我国高校的发展貌似繁荣昌盛，但其教育质量实质上却令人隐忧，甚至还饱受诟病。究其原因固然很多，但高校课堂一成不变的教学方法或“换汤不换药”的教学方法改革必然是其主因之一。显然，为彻底扭转高校的这种窘境与困境，确保教育高质量发展，高校必须改革课堂教学方法。不言而喻，地方普通本科高校作为高校系统的主要组成部分，理应加大课堂教学方法改革的力度，以之助力高等教育高质量发展。

二、文献综述

文献综述即对某一研究领域的文献进行回顾、分析与评述，是在研读某一研究领域的相关文献之基础上，对该研究领域的研究现状所做的归纳性整理与综合性评析。通过文献综述，既可以了解某一研究领域的相关研究进展，又可以从中获取相关研究启示。鉴于此，本书专门概述国内外有关课堂教学方法改革的研究成果。尤值一提的是，从国内外相关文献看，学者们在探讨课堂教学方法这一话题时，极少专门使用“课堂教学方法”一词，大多惯用“教学方法”一词泛指“课堂教学方法”，为此，本书在文献综述部分将不再特别提及“课堂教学方法”这一概念。

（一）国外研究现状

1. 关于高校教学方法改革历程的回溯

---

① 黄甫全. 课程与教学论［M］. 北京：高等教育出版社，2002：545.

② 教育部. 关于加强高等学校本科教学工作提高教学质量的若干意见［EB/OL］.（2001-08-28）［2021-08-15］. http://www.moe.gov.cn/s78/A08/gjs_left/s5664/moe_1623/201001/t20100129_88633.html.

纵观国外高校教学方法改革进程可以发现，西方高校大致有三次大规模的教学方法改革。第一次改革发生在19世纪前，当时的教学方法主要为任课教师单方向的讲授，学生被动接受教师所传授的内容①。在此阶段，社会发展程度较低，科技水平落后，社会上图书等资源匮乏，口口相传成为当时教学的主要方法，接受高等教育的人大多为宗教活动服务②。随着宗教改革、工业革命的进行，社会生产力得到极大提升，到19世纪至20世纪杜威提出进步主义教育主张止，这期间国外高校进行了第二次大规模教学方法改革③。在此期间，随着人们思想不断解放、社会生产力的急剧提升，社会上富余劳动力越来越多，对劳动力的素质要求也进一步提升。1810年世界上第一所现代化大学德国柏林大学建立，其主张高校在人才培养过程中不能仅仅依赖教学进行人才培养还要将研究用于人才培养过程中④，并且针对当时实际，德国大学结合研究与教学提出来“习明纳”（seminar的汉语音译）教学方法即专题讨论式课堂教学方法⑤，并且随着受教育的人越来越多，班级授课制也逐渐被普及，班级授课的方法也被高校普遍运用⑥，对以往传统的教学方法进行改革。后来随着社会不断发展，人们对教育的认识不断深刻，认为教育的目的是让学生更好地发展，进步主义教育思想盛行，杜威是其主要代表人物，在此思想基础

① CUBAN L. How teachers taught：constancy and change in American classrooms，1890-1990［M］. Teachers College Press，1993：68-69.

② HARGREAVES A. Teaching in the knowledge society：education in the age of insecurity［M］. Teachers College Press，2003：38-40.

③ FALLACE T D. Tracing John Dewey's influence on progressive education，1903-1951：toward a received Dewey［J］. Teachers college record，2011（3）：463-492.

④ SCOTT J C. The mission of the university：medieval to postmodern transformations［J］. The journal of higher education，2006（1）：1-39.

⑤ MARK L，PHILLIP N，Lisa G. A national systems view of university entrepreneurialism：Inferences from comparison of the German and US experience［J］. Research policy，2009，（38）：268-280.

⑥ SAJJAD S. Effective teaching methods at higher education level［J］. Pakistan journal of special education，2010（11）：29-43.

上第三次改革开始。杜威提出教育即生活、教育即生长、教育即经验的改造与改组，教育要与生活紧密联系起来，不能人为将教育与生活割裂开来，主张学生是教育的中心，让学生自我学习与发展①。目前，国外高校在教学过程中仍然以班级授课制为主要教学组织形式，教师在教学过程中注重将讨论与探究等形式引入课堂，促使学生成为课堂学习的真正主体。

2. 国外高校课堂教学方法特征

虽然不同国家的社会、经济、政治水平、教育传统与意识、教育目的、教育理念、教育模式等有较大差异，各国高校教学方法改革有着自己的特征，但在差异性之下，国外高校课堂教学方法之间也存在较大共性。

首先，重视学生思维逻辑的训练的课堂教学方法。对学生思维的训练是高校课堂教学方法的关键。往往并不是直接告诉结果，而是通过相应的推导，在告诉学生“是什么”的前提前下学生要知道“为什么”，而且重视相关知识的“怎么做”。在这个过程中学生要有发现问题的意识，发现问题是学生发展提升的基础，如不能发现问题将只能在前人已有知识的圈层里被桎梏而难以获得创新。Stoyanova E认为发现问题是学生学习的前提，通过学习锻炼学生批判性思维，提升学习效果②。除此之外要重视学生独立自主学习意识培养，减少知识被动的灌输与“填鸭”，课堂越活跃，学生就越倾向于在智力和情感上投入在学习活动中。Sivarajah R T，Curci N E等主张要改变传统讲授式的课堂教学方法，以适应发展需要，强调课堂教学方法选择时重视学生学习主体地位，主张师生互动，提升学生积极参与性③。Regmi K认为要让学生加深理解并反思自己的价值观，需要对话式的学习方法，这将确保通过互动和分

① 杜威. 民主主义与教育［M］. 王承绪，译. 北京：人民教育出版社，2001：59-76

② STOYANOVA E. Empowering students' problem solving via problem posing: the art of framing'good'questions［J］. Australian mathematics teacher，2000，56（1）：33-37.

③ SIVARAJAH R T，CURCI N E，JOHNSON E M，et al. A review of innovative teaching methods［J］. Academic radiology，2019，26（1）：101-113.

享观点、观点和价值观来讨论和探索问题①。Cao Y 认为在教师的引导下，大学生自主学习是学生成为学习主人、个人发展个人、自我提升的必然选择②。

其次，重视学生能力培养的课堂教学方法。教育的目的不仅仅是将知识传递给下一代，而是要通过教育让受教育者在接受知识的前提下运用知识解决现实世界中的实际问题。根据为德国政府准备的关于高等教育能力导向的专家报告，能力不是通过接受性学习获得的，而是需要积极、动手和以问题为导向的参与学习材料③。当前社会需要能够在瞬息万变、无国界的世界中解决新颖、复杂、多学科问题受教育者，于是直接或间接运用所学知识解决问题的能力是当前高校着重培养学生方向，在这个过程中课堂教学方法的引导与教育必不可少。如，英国皇家工程学院在报告称，雇主希望毕业生的最高素质是能够将他们的知识和技能转移并运用到工作场所环境中，以解决现实世界的问题④。Shcherbakova I A 和 Iiina M S 通过比较研究发现互动教学有利于提升学生对语言的运用能力，让学生摆脱单纯的知识的储存，而将所学习的知识通过互动运用出来⑤。Mohd-Yusof K 为了提升学生解决问题的能力，在课堂教学过程中将合作学习与问题导向教学方法融合提出合作问

---

① REGMI K. A review of teaching methods: lecturing and facilitation in higher education (HE): a summary of the published evidence [J]. Journal of effective teaching, 2012, 12 (3): 61-76.

② CAO Y. Cultivation of autonomous learning ability-essential requirement for college students [C] //Proceedings of the international conference on information engineering and applications (IEA) 2012. Springer, London, 2013: 11-18.

③ N. Schaper Fachgutachten zur Kompetenzorientierung in studium und lehre [expertise on competence orientation in higher education] (2012). [2022-10-16]. https://www. hrk-nexus. de/fileadmin/redaktion/hrk-nexus/07-Downloads/07-02-Publikationen/fachgutachten_kompetenzorientierung.pdf.

④ Royal academy of engineering [M] //. Educating engineers for the 21st century. London, UK: The Royal Academy of Engineering, 2007.

⑤ SHCHERBAKOVA I A, ILINA M S. Foreign language communicative competence formation of university students by using interactive teaching methods [J]. The new educational review, 2019, 57: 173-183.

题导向的教学方法，并且通过实验验证了该教学方法在培养学生解决问题的可靠性①。教师的角色正在从信息的提供者演变为信息的设计者，其最大限度地提高学生参与度的主动学习过程、环境和体验更换，在这个过程中，学生往往难以独自个人完成课堂教学任务需要团队协作，共同努力，因此学生团队协作意识与能力必不可少。Johnson D W 认为高校课堂教学中，往往需要若干同学配合，共同完成任务，其中要增加自己团队协作能力。Yao C W 和 Collins C 以跨国家政府间教育合作项目为研究对象，发现协作学习特别是通过小组合作和改进的翻转课堂，是最大化的以学生为中心的课堂教学方法，通过这种小组合作和学生参与的课堂教学中，学生可以最大限度地参与到相关知识中，有机会充分地将相关知识运用到实践中，进而实现提升学生能力的目的②。

最后，重视信息技术在课堂教学方法中应用。随着信息技术、万物互联、Web 2.0 等发展，网络改变着人们的生活、学习方式。信息技术与教学相结合，改变了传统教学的形式，课堂教学方法因现代信息技术的发展而变得丰富多彩，信息化教学成为当前高校课堂教学方法改革的重要突破口。一方面，电子移动设备已广泛用于获取知识、提问和检索信息，出于教育目的，移动设备及其功能一直备受关注。如 Traxler J 指出因为手机为教育者和学生提供创造性教学的机会被广泛用作学习工具③。Mbukusa N R 以智能手机 WhatsApp 应用为例指出即时通信平台

---

① MOHD-YUSOF K，PHANG F A，HELMI S A. How to develop engineering students' problem solving skills using cooperative problem based learning (CPBL) [C] //Engineering leaders world congress on engineering education 2013. Hamad bin Khalifa University Press (HBKU Press)，2014，2014 (3)：30.

② YAO C W，COLLINS C. Perspectives from graduate students on effective teaching methods：a case study from a Vietnamese Transnational University [J]. Journal of further and higher education，2019，43 (7)：959-974.

③ TRAXLER J. Defining，discussing and evaluating mobile learning：the moving finger writes and having writ Current state of mobile learning [J]. International review on research in open and distance learning，2007，8 (2)：9-24.

已成为最受欢迎的移动设备应用，是一种促进协作学习的教学和学习方[①]。另一方面，依托信息技术发展对传统教学设备与场地的改造也是信息技术应用于课堂教学的重要体现。MacLeod J 等人认为随着信息技术的发展，智慧课堂的建设是顺应教学发展的潮流，且通过研究证明了智慧课堂对学生发展的有效性[②]。Yang J 认为技术设备加上先进的技术可以导致学习的成功[③]。Phoong S Y，通过对比传统课堂与智慧课堂之间教学效果发现学生在传统课堂和智能课堂中的学习成绩存在显著差异，智慧课堂的使用大大提高了学生的学习成绩[④]。

3. 国外课堂教学方法发展趋势

多种课堂教学方法综合运用。高校课堂教学过程中，随着教学进度的变化，不同的知识需要不同的教学方法呈现，难以用某一种课堂教学方法贯彻全程。Dubin R，Taveggia T C 以学生在课程考试中的表现，比较了不同高校大量教学方法，发现难以明确区分某一种教学方法优于另外一种教学方法。关于教学方法优劣比较的理论基础是教与学之间的有机联动，但目前研究难以找出二者之间的联系[⑤]。Samuel A B，Rahman MM 分别采用以学生为中心的课堂教学方法和以教师为中心的课堂教学方法进行比较实验发现难以单独采用某种教学方法改善教学效果，认为只用通过综合的而并非割裂的课堂教学方法才是未来高校教学

---

① MBUKUSA N R. Perceptions of students on the use of WhatsApp in teaching methods of English as second language at the University of Namibia [J]. Journal of curriculum and teaching，2018，7 (2)：112-119.

② MACLEOD J，YANG H H，ZHU S，et al. Understanding students' preferences toward the smart classroom learning environment：development and validation of an instrument [J]. Computers & Education，2018，122：80-91.

③ YANG J，PAN H，ZHOU W，et al. Evaluation of smart classroom from the perspective of infusing technology into pedagogy [J]. Smart learning environments，2018，5 (1)：1-11.

④ PHOONG S Y，PHOONG S W，Moghavvemi S，et al. Effect of smart classroom on student achievement at higher education [J]. Journal of educational technology systems，2019，48 (2)：291-304.

⑤ DUBIN R，TAVEGGIA T C. The teaching-learning paradox：a comparative analysis of college teaching Methods [J]. 1968.

方法发展趋势[①]。Challa K T，Sayed A，Acharya Y 通过梳理教学中采用的传统教学方法与现代教学方法发现，随着信息技术以及学生身心规律的发展，要将传统教学方法与现代教学方法相结合，提升教学质量[②]。

课堂教学方法的选择要实事求是。没有一种“放之四海而皆准的”教学方法，没有最好的教学方法，只有相对而言适应得较好的教学方法。McKeachie W J 认为不同的教学方法适用于不同的教学对象，在教学方法的选择上要“因地制宜，实事求是”[③]。Davis J 通过对比教师中心的教学方法如讲授，学生中心的教学方法如小组学习、讨论等发现教师规模、学生性别等变量的不同将直接造成同种教学方法得到不同的教学结果。认为在教学方法的选择上要根据学习对象的不同恰当地安排相适应的教学方法[④]。Zheng X 课堂教学中要根据学生实际水平进行分层，针对性地采用不同教学方法对不同层次学生进行教学[⑤]。

以学生为中心的高校课堂教学方法。人本主义理论与建构主义理论盛行，学生在教学中主体地位愈发重要。在许多欧洲国家，一直大力推广高等教育教学中的学生中心方法。例如，德国科学与人文委员会呼吁大学生成为教师在学习过程中的积极伙伴，而不是学习材料的被动接受者[⑥]。2009 年在鲁汶举行的后续会议期间，促进以学生为中心的学习成

---

① SAMUEL A B，RAHMAN M M. Innovative teaching methods and entrepreneurship education：a review of literature [J]. Journal of Research in business，economics and management，2018，10 (1)：1807-1813.

② CHALLA K T，SAYED A，ACHARYA Y. Modern techniques of teaching and learning in medical education：a descriptive literature review [J]. Med Ed Publish，2021，10 (18)：18.

③ MCKEACHIE W J. Research on college teaching：a review [J]. 1970.

④ DAVIS J. Teaching strategies for the college classroom [M]. Routledge，2019.

⑤ ZHENG X. Reform of university english teaching and examination based on stratified teaching method and mobile computing [J]. Wireless communications and mobile computing，2022.

⑥ German Council of Science and Humanities，Berlin，Germany (2008) [2022-10-18]. https://www.wissenschaftsrat.de/download/archiv/8639-08.pdf.

为博洛尼亚进程的明确目标①。在三年后的布加勒斯特公报 EHEA 部长级会议中，部长们再次强调了他们对“在高等教育中促进以学生为中心的学习，其特点是让学生积极参与自己学习的创新教学方法”的承诺②。

（二）国内研究现状

1. 关于高校教学方法的概念界说

关于高校教学方法的概念问题，不同的学者有不同的表述，但总的来说，大致可以归结为四种：一是描述性的定义。比如，薛天祥指出，“高等学校的教学方法是教师和学生为达到教学目的而共同进行认识和实践活动的途径和手段，也就是教师如何教、学生如何学的问题”③；二是演绎式定义。比如，潘懋元认为，“高等学校的教学方法乃是教学形态的科学方法，是科学方法在教学条件下的运用，即是说，高等学校教学方法的本质是师生联系方式与科学方法的统一，也是教学方法的对象特点与学科特点的统一”④；三是规定性定义。比如，徐继存提出，高校教学方法是高校教师指导和帮助学生学习的方法，也即是教师教学生学习的方法⑤；四是方法性定义。比如，潘懋元和王伟廉提出，“高等学校中所说的教学方法，一般指狭义的教学方法，即指在教学活动过程中，教师如何对学生施加影响，怎样把科学知识传授给学生并培养学生能力、发展智力、形成一定道德品质和素养的具体的手段”⑥。

① EHEA Ministerial Conference Leuven-Communiqué：The Bologna Process 2020：The European Higher Education Area in the new decade（2009）[2022-10-18]. http://media.ehea.info/file/2009_Leuven_Louvain-la-Neuve/06/1/Leuven_Louvain-la-Neuve_Communique_April_2009_595061.pdf.

② EHEA Ministerial Conference Bucharest Communiqué：Making the most of our potential：Consolidating the European Higher Education Area Retrieved from（2012）[2022-10-18]. http://media.ehea.info/file/2012_Bucharest/67/3/Bucharest_Communique_2012_610673.pdf.

③ 薛天祥. 高等教育学 [M]. 桂林：广西师范大学出版社，2001：214.

④ 潘懋元. 新编高等教育学 [M]. 北京：北京师范大学出版社，1996：380.

⑤ 徐继存. 教学方法阐释 [J]. 西南师范大学学报（社会科学版），2002（6）58-62.

⑥ 潘懋元，王伟廉. 高等教育学 [M]. 福州：福建教育出版社，1995：201.

2. 关于高校教学方法的价值阐释

教学方法改革是提升高校教学质量的关键。高校教学质量的提高是高校高质量发展的基础，是高校快速发展的保障，随着当前我国高校发展进入跨越式内涵发展阶段，提升高校质量逐渐成为当前高校发展普遍追求。2017 年 1 月三部委联合颁发《统筹推进世界一流大学和一流学科建设实施办法（暂行）》提出了“双一流”建设的具体规划与目标，明确指出要提升高校教学质量。本科教育质量是高等教育质量的重要构成部分，其质量的高低深刻影响高等教育质量的强弱。没有契合时代发展、适应教学规律、遵守教育规律的课堂教学方法就难以有高效的课堂教学，也不可能建设成高质量的高等教育。进行课堂教学方法改革——改变传统腐朽落后的课堂教学方法代之以新的适应学生需要、时代发展、教学规律的教学方法——是提升高校教学质量的重要方法与突破口。别敦荣及团队在研究影响我国高等教育质量发展因素中指出，落后的教学方法是制约我国高等教育质量的根本因素，要提升教学质量必须进行教学方法改革①。

3. 关于高校课堂教学方法问题探究

课堂教学方法的研究是教育相关问题研究中的一个热点问题，纵观学者们相关研究，相较于中小学课堂教学方法研究来说，高校课堂教学方法研究相对少一些。而且高校课堂相较于中小学课堂既有共性也有其独有的个性，利用中小学课堂教学方法研究成果“嫁接”到高校课堂教学方法中难免有一些“水土不服”问题。结合相关文献发现高校课堂中教学方法在实际应用中出现了一些偏颇，主要体现在以下几个方面：其一，高校课堂教学方法形式单一。潘成云认为当前高校课堂教学方法总结起来有两种模式分别为“单向灌输式”和“双向互动式”，目前高校课堂教学方法虽然在向“双向互动式”转变，但仍旧以“单向灌输式”

① 别敦荣. 大学教学方法创新与提高高等教育质量［J］. 清华大学教育研究，2009（4）：95-101.

为主，教学方法过于单一[①]，单纯由师向生的单方面传输。高婷婷认为当前高校课堂教学方法沉闷缺乏互动交流，课堂上教师往往采用简单的讲授法对知识进行解惑[②]。俞婷通过实证方法调查发现在高校思想政治理论课教学方法中，课堂教学方法呆板，以“灌输”为主[③]，师生间、生生间沟通少。其二，高校课堂教学方法主体单一。课堂教学主要由教师与学生双主体构成，在课堂教学方法的使用中必然也是由课堂教师教法与学生学法构成，而不是由某一主体单独承担。樊素梅认为在高校课堂教学过程中，教师并未真正放权于学生，让学生参与到课堂教学过程中，致使学生被动紧跟教师教授不发而无暇参与到课堂教学中去，在讲授的过程中多数教师仅关注自己是否将知识传递下去而不关心学生接受程度与接收方法，关注自身教学方法而不考虑学生学习方法[④]。陈激扬与黄蕙也认为在课堂教学中教师要重视方法的传递而不仅仅是知识的传播，转重知识传递到重方法的传递，重视学生课堂教学方法中的地位与作用[⑤]。其三，高校课堂教学方法内容单一。课堂教学方法多种多样，通过黑板、粉笔、挂图等到声音、动画再到现如今的各种视频、互联网在线等，表面看起来可以利用到的“教具”多种多样，在此背景下课堂教学方法的“花样”也是多种多样的，但是在实际高校课堂教学方法中尽管国家与高校自身对高校网络投入较多，但是教师利用网络力量有限[⑥]。在对现有课堂教学方法利用过程中使用单一，在课堂教学过程

① 潘成云. 高校课堂教学模式的选择［J］. 扬州大学学报（高教研究版），2001（04）：72-73.

② 高婷婷. 基于大学生核心素养的高校课堂教学改革研究［D］. 哈尔滨：黑龙江大学，2020. DOI：10.27123/d.cnki.ghlju.2020.000971.

③ 俞婷. 高校思想政治理论课教学方法的调查与思考［J］. 教学研究，2010，33（03）：58-60，85.

④ 樊素梅. 浅议高校课堂教学方法改革的策略［J］. 湖北成人教育学院学报，2011，17（03）：11-12.

⑤ 陈激扬，黄蕙. 改革教学方法培养学生能力［J］. 重庆电力高等专科学校学报，2003（01）：58-60.

⑥ 王鉴，王明娣. 大学课堂教学改革问题：生活世界理论的视角［J］. 高等教育研究，2013，34（11）：77-83.

中，要结合课堂教学的实际对课堂教学方法进行“再改造”，避免课堂教学方法内容单调乏味①。其四，高校课堂教学方法协调性单一。高校课堂教学方法的选用应该结合课堂教学的对象、时间、内容、评价等多种综合因素，而不是单纯地为了将知识或观念传递下去的方法，在选用课堂教学方法的时候要与教学本身相协调。而在现实中的课堂教学方法中往往出现教法与学法割裂现状，教师在课堂教学中往往关注的是自己“如何讲”“怎么讲”而很少关注学习对象的需求与关注点。徐子涵认为在课堂教学方法使用过程中，教师的教法与学生学法往往不协调甚至二者出现割裂②。张静也认为高效课堂教学过程中，教师往往会忽略掉学生怎么学以及学到什么，造成课堂教学方法中的教法与学法的割裂③。高校课堂教学方法改革的协调单一性从教师教法与科研的关系中也可以看出来，教法与教师研究方法相隔离，在课堂教学过程中所使用的方法往往与自身进行科研的方法毫无联系，教学简单地割裂了课堂教法与科研研究方法的关系④。

4. 关于高校教学方法改革的问题探讨

教学方法改革是一个比教学方法更为引起学者关注的问题，目前，针对高校教学方法改革的研究主要集中在以下几个方面：

一是探讨高校教学方法改革的理论问题。有学者认为，教学方法改革过程中对教师教的方法的改革更加重要与关键。如马凤岐、王伟廉等认为高校、高校中教师与学生是进行教学方法的重要主体，但是在改革过程中要重视教师教的方法的改革，教师教的方法改革是教学与人才培养质量的关键要素之一⑤。张从容也认为教师教学方法改革是教学方法

① 郑东辉. 论高校教学方法的个体生成性［J］. 教育与现代化，2005（3）：69-73.

② 徐子涵. 研究型大学本科课堂教学方法运用现状研究［D］. 兰州：兰州大学，2018.

③ 张静. 我国高校课堂教学方法存在的问题及改革策略［J］. 天中学刊，2010，25（3）：136-138.

④ 樊素梅. 浅议高校课堂教学方法改革的策略［J］. 湖北成人教育学院学报，2011，17（3）：11-12.

⑤ 马凤岐，王伟廉. 教学方法改革在人才培养模式改革中的地位［J］. 中国大学教学，2009（3）：11-13.

改革的关键与重点[①]；有学者认为在教学方法改革过程中学生学习学法改革更关键，教学方法改革的目的并不是单纯地改革教学方法，也并不是单一地改进教师的教的方法，而是要教学生学会学习，对教师教的方法的改革其目的是教会学生学习而不仅仅是传授知识与技能，所以改革学生学法才是关键。如卢乃桂认为教学的目标不应该是单纯地传授知识与技能进行浅层次的育人，而应该让学生学会学习，在教学方法应用上应该重点教会学生如何继续学习而并非传授知识[②]；还有部分人认为教师与学生都是课堂教学方法改革的重点，二者不能偏废。如，王凤峣认为在课堂教学方法改革过程中应该兼顾教法改革与学法改革，既重视教师的地位也重视学生的地位，且教法与学法是一体两面，在课堂教学方法改革过程中不可分割[③]。

二是探讨高校教学方法的现实问题。有学者认为，“我国高等学校虽然一直在呼唤教学方法的改革，但几十年来并未有实质性的突破，目前仍然以课堂讲授为主”[④]，“有相当多的教师仍旧过分运用讲授法，甚至将讲授法当作唯一的教学方法”[⑤]；也有学者指出，当前在教育改革的诸环节中，课程体系、教学内容、经费筹措和管理体制等项改革已经受到了普遍关注，但是对教学方法的改革研讨却相对较少，特别是高等教育对教学方法的改革历来重视不够，正如全国政协副主席上海大学督导钱伟长所言：目前我国高等教育正面临着各方面的调整和改革，但对教学方法真正“动手术”的高校还不多见，大部分还是过去那种所谓的“填鸭式”教学，即使已有的现代化教学手段和方法又有多少教师会用、愿意用？一些高校多媒体教室大量闲置或改作普通教室，相当多的计算

① 张从容. 提高高校课堂教学质量的对策研究［J]. 黑龙江高教研究，2007（12）：164-166.

② 卢乃桂. 信息社会的人才要求［J]. 教育研究，2000（11）：8-11.

③ 王凤峣. 教法改革与学法改革应同步进行［J]. 高等建筑教育，1993（2）：21-23.

④ 王庆菊. 知识经济与高校素质教育［J]. 山东农业大学学报（社会科学版），2000（3）：84-86.

⑤ 董永江. 研究性学习方法探析［J]. 南都学坛（哲学社会科学版），2000（4）：113-114.

机教学软件得不到广泛开发和使用①。有些教师认为，“大学生的思维水平以抽象、逻辑思维为主，名师自然出高徒，用不着专门去集中精力研究探讨教学方法，从而导致教学中‘照本宣科’、‘满堂灌’盛行，常常是教师讲得津津有味，学生听得昏昏欲睡”②；更有学者指出，“长期以来，教育理论界对基础教育的教学方法研究得比较充分，而对高校教学方法的研究则重视不够。高校普遍存在‘大学无教法’、‘教学方法是中小学的事，大学里用不着讲究这些’等思想。在此思想的影响下，大学教师多数重视学术研究，而忽视教学方法的研究，往往只用自己过去惯用的那一套教学方法来应付教学，因而‘填鸭式’、‘满堂灌’，依然是高校教学方法的主旋律”③。当然，也有学者看到了，自从 20 世纪 80 年代初以来，在教育改革热潮的鼓舞下，我国广大的大学教学也提出并试验了不少新的教学方法，而且取得了一些成功的经验，只是由于近年来高等教育改革的热点在领导管理体制和完善思想政治教育方面，学校领导的精力主要集中在筹集资金以解决经费问题，因而教师的教学改革往往由于得不到重视与支持，难于坚持。虽然各级行政部门和学校举办过一些优秀教学评奖，临时总结一些较好的经验，但缺乏系统的实验和整理提高，难于形成大家所公认的有科学性的教学方法④。有学者通过深入的研究后指出了我国高校在具体教学中的主要问题：“一是在全程教学计划过程中，课时总量偏大，周学时有的多达 30—40 学时，学生上课时间长，缺乏自学时间，囫囵吞枣，食而不化现象严重；二是在课堂讲授中，灌输多而启发式与讨论式少，过去那种所谓多灌多得，少灌少得，不灌不得的言论少了，但这种思想的阴影仍然存在，仍然笼罩着不少课堂，从而相当多的教师照本宣科，这种现象在一些新建的院校表现更为突出：三是考试方式单一，方法呆板，并且偏向于要求按教师讲

---

① 孙延臣，赵慧萍．必须加快高等学校教学改革 [J]．辽宁教育研究，2001 (12)：43-45.

② 陶云，刘艳．高等教育改革新探 [J]．湖北工程学院学报，1999 (2)：69-72.

③ 薛天祥．高等教育学 [M]．桂林：广西师范大学出版社，2001：217.

④ 潘懋元．新编高等教育学 [M]．北京：北京师范大学出版社，1996：460.

的和书上写的作答，根本没有把培养学生的思维能力和创造品质放在首位。”① 当然，在具体的教学过程中，也不乏很讲究教学方法的教师和相关教学管理人员，比方说，当前很多高校试行的研究性学习、合作学习以及本科生导师制就是很好的例证。

三是探讨高校教学方法的发展问题。有人侧重阐述为什么要改革教学方法。比如，陈雪莹认为，当前高校教学方法中多为简单的“一言堂”“灌输式”的教学方式，严重影响了学生能力的培训与发展，与当今社会所需要高素质应用型人才的需求不符合，所以应当对高校课堂教学方法进行改革，使其满足社会对人才的需求②；刘鸣在分析我国高师发展问题中提出，当前我国高校主要的教学方式过于单一，往往采用单通道的灌输法，重知识的“填鸭”，对学生的个人思维培养与实践能力的训练严重不足③；徐秋云、高启达、孙峰从提升教学质量的角度出发认为，当前枯燥、单一、死板、“流水线”式的高校教学方法不能完全承担起提升教学质量的重任④；李志义指出，当前高校教学改革出现“改的不教，教的不改”尴尬局面，为转变这种尴尬局面需对高校教学方法进行改革，转变教学方法思维观念，推动高校教学改革发展⑤；曹净植、王晓杰、宁南等提出，虽然众多研究者提出各种各样的教学理念，但是倘若教学理念不能融入课堂教学中在先进的教学理念也没有用武之地，所以如果要将各种先进的教学理念应用起来最好的方法就是将教学理念和教学方法相结合，所以提出了多要素融合下推动高校教学方

---

① 李进才. 大学生创新能力培养与大学教学方法改革［J］. 武汉大学学报（哲学社会科学版），1999（4）：138-142.

② ⑤陈雪莹. 以能力培养为中心的高校课堂教学方法改革探析［J］. 黑龙江教育（高教研究与评估），2011（12）：39-41.

③ 刘鸣. 高师院校创新人才培养的使命、问题与对策［J］. 中国大学教学，2008（8）：16-19.

④ 徐秋云，高启达，孙峰. 高校教师提高课堂教学质量的途径探讨［J］. 科技信息（学术研究），2007（16）：327.

⑤ 李志义. 推进十个转变 实现大学教学改革新突破［J］. 中国高等教育，2012（17）：25-29.

法改革建议[①]。有人侧重阐述高校教学方法改革的趋势。比如，潘懋元指出，在教学过程中，着眼于使学生不仅单纯接受科学知识，而且通过参与科学知识的探索活动，积极进行理论思维，把掌握的理论和所要研究的问题结合起来，在学习过程中充满发现问题、分析问题和解决问题的探索活动和求知精神，这样就不仅能以探索的精神学习前人的科学理论，而且能够独立思考，自觉探索新的科学原理，发现新的科学理论[②]，李红宇认为，教学方法是影响现阶段课堂教学质量和学生在校学习满意度的重要因素，教师在课堂讲授时，应该引导学生积极主动地参与到课堂教学中去，要使课堂具有研究性、探索性，使学生知其然又知其所以然[③]。

5. 关于影响高校教学方法改革的因素分析

尽管不同的学者对影响教学方法改革的因素分析有所不同，但大致可以分为两类：一类是从教学系统的角度进行分析。比如李定仁教授认为，教学目的和任务、教学内容、教师自身的素养、学生的发展水平以及时空条件等是影响教学方法及其改革的主要因素[④]；薛天祥教授认为，教学的目的和任务、教学内容、学生身心发展水平、教师自身素质、教学设备及物质条件、时间情况、教学进度、教学手段等是影响教学方法及其改革的主要因素[⑤]；潘懋元先生更是简洁明了地指出：教学目标、学生的发展水平以及时间条件与物质条件是影响教学方法及其改革的主要因素[⑥]。另一类侧重从教学的某一维度展开分析。比如，石实认为，当前高校教师“轻术”忽视教学方法的选择与运用[⑦]；蒋铠认为，现在高校中教师评价考核以科研学术研究成果为主，教学活动仅占

① 曹净植，王晓杰，宁南. 多要素融合下课堂教学方式的构建 [J]. 黑龙江高教研究，2016（10）：157-159.

② 潘懋元. 新编高等教育学 [M]. 北京：北京师范大学出版社，1996：235.

③ 李红宇. 教学观念和教学方法的变革 [J]. 北京联合大学学报，2001（S1）.

④ 李定仁. 大学教学原理与方法 [M]. 北京：科学出版社，1994：125.

⑤ 薛天祥. 高等教育学 [M]. 桂林：广西师范大学出版社，2001：215-216.

⑥ 潘懋元. 新编高等教育学 [M]. 北京：北京师范大学出版社，1996：436-439.

⑦ 石实. 大学教学方法的现状与分析 [J]. 高等教育研究，1990（1）：57-61.

微不足道的比重，但却不断要求教师重视教学，教学活动明显缺乏有效激励，这是一种迷思现象①；毛利丹认为，高校教师对教学方法改革缺乏相应的改革意识，对改革意识的思考停留在较浅层的层面②；徐子涵认为，当前我国高校教师大多没有接受正规课堂教学的教育，对于课堂教学以及课堂教学方法的应用大多依赖教师自己经验积累与摸索，而高校的评价模式以及教师间的默认传统都导致教师轻视个人教学技能的提升与教学方法的应用③；沈舒予通过研究也发现当前高校众多教师的教学能力亟待提升④；刘珍珍、周文学认为，当前国内高校大学生对传统讲授灌输式的教学方法已经适应，对教学方法改革积极性不高⑤；别敦荣指出，大学生因为长期接受灌输式教学方法的惯性思维以及部分学生自身能力的欠缺对教学方法改革不关注⑥；马凤岐、王伟廉认为，当前国内人才培养基本上按照确定目标、制定内容、实施教学的步骤进行，因此恰当地确定人才培养目标是重中之重，起着决定性作用，也是影响教学方法改革的关键因素之一⑦。

6. 关于高校教学方法改革的对策探讨

针对教学方法改革现状，大部分学者认为，推动高校教学方法改革要从转变学校领导尤其是教师和学生的教学方法改革意识、教师教学方法运用熟练度与教学能力提升、学生的配合度、政策的支持保障、师生

---

① 蒋凯. 声誉追寻下的大学迷思 [J]. 大学教育科学，2018 (6)：4-12.

② 毛利丹. 基于新时代本科教育的地方高校教师课堂教学问题探究 [J]. 河南教育学院学报（哲学社会科学版），2019 (3)：49-52.

③ 徐子涵. 研究型大学本科课堂教学方法运用现状研究：基于 L 大学的调查研究 [D]. 兰州：兰州大学，2018.

④ 沈舒予. 本科高校新任教师教学能力研究：以山东省五所本科高校为例 [D]. 济南：山东财经大学，2019.

⑤ 刘珍珍，周文学. 高等学校课堂教学方法改革思考 [J]. 内蒙古财经大学学报，2015 (1)：138-141.

⑥ 别敦荣. 大学教学方法创新与提高高等教育质量 [J]. 清华大学教育研究，2009 (4)：95-101，118.

⑦ 马凤岐，王伟廉. 教学方法改革在人才培养模式改革中的地位 [J]. 中国大学教学，2009 (3)：11-13.

的评价方式、恰当的物质保障等手段推动课堂教学方法改革。如，张忠华、赵明星认为要推进课堂教学方法改革的进展需要从思维层面入手，让教师认识到教学方法改革的重要性，加强教师教学能力的培养，对教学方法改革进行科学管理方面，改变“唯科研”的教师评价体系与“唯分数”的学生评价体系等提升课堂教学方法改革的成效①；刘智运认为要进行教学方法改革，其关键在于教师，要对教师的教学方法改革理念入手转变教师对教学方法改革的认知，加上明确的教学方法改革目标和有效的政策支持，有步骤地推动教学方法改革②；李永安结合现在社会发展实际，对比分析了“以教师为中心的教学方法改革”与“以学生为中心的教学方法改革”后，认为当前我国高校教学方法改革的方向应该是以学生为中心，并从以学生为中心的教育观、评价模式等方面提出推动以学生为中心的教学方法改革策略③。

（三）已有研究评述

虽然国内外关于高校课堂教学方法改革的研究颇多，但基本上是从较为广泛的高校层面阐述高校课堂教学方法改革的必要性、高校课堂教学方法改革中存在的问题、影响高校课堂教学方法的因素、高校课堂教学方法改革的对策、高校教学方法改革的趋势，以及报道一些零碎的高校教学方法改革经验，明显缺乏专门针对地方普通本科高校课堂教学方法改革这一主题的系统研究。由此可见，尽管已有相关研究成果无疑具有一定的理论意义与现实价值，且对后续相关研究具有一定的借鉴意义与引领价值，但因其研究对象过于宽泛而缺乏必要的实践指导价值，明显难以指导地方普通本科高校进行课堂教学方法改革。为此，本书专门聚焦地方普通本科高校，在借鉴已有相关研究成果的基础上，立足高等教育所处的新时代背景，运用理论研究、实证调查及质性分析的综合研

① 张忠华，赵明星．现代大学教学方法存在问题与改革路径探析［J］．湖北函授大学学报，2010（4）：1-3.

② 刘智运．必须重视大学教学方法的改革与创新［J］．教学研究，2010（1）：33-37.

③ 李永安．我国大学课堂教学的改革策略［J］．中国高等教育，2013（5）：33-35.

究方法，着力探讨地方普通本科高校教学方法改革这一主题。

三、研究目的与意义

（一）研究目的

1. 了解地方普通本科高校课堂教学方法改革的现状

地方普通本科高校不仅是当前我国高等教育的重要构成部分，而且是当前我国本科高校中的绝大多数，从机构数量及在校生总数上看，其占比几乎都是“半壁江山”，显然，地方普通本科高校在某种程度上可以作为反映国家各项高等教育政策落实情况的窗口。当前，国家对高校明确提出创新创业教育、课程思政、“金课”建设及教育高质量发展的要求，为落实国家的上述要求，高校理应从课堂教学这一基本途径入手，相应对包含课堂教学方法在内的一系列课堂教学构成要素进行必要的改革。那么，作为总数占据“半壁江山”且在某种程度上可以视为反映高校总体改革状况之“窗口”的地方普通本科高校在课堂教学方法改革这一层面做得怎样呢？即是说，地方普通本科高校教学方法改革的现状到底如何？这即是本书的研究目的之。

2. 剖析地方普通本科高校课堂教学方法改革中存在的系列障碍问题之根源

通过大样本的实证调查与个案性质性研究，揭示地方普通本科高校教学方法改革中存在的问题，探索其问题背后的根源，找出其中有碍于地方普通本科高校教学方法改革顺利进行的系列因素，是本书的又一主要目的。

3. 探索有助于破解地方普通本科高校课堂教学方法改革中系列障碍问题的策略

如何改进地方普通本科高校课堂教学方法改革过程中存在的系列障碍性问题？这是本书的另一个主要研究目的。迄今为止，由于尚无专门针对地方普通本科高校课堂教学方法改革的系统研究成果，因而导致地方普通本科高校在改革课堂教学方法的过程中既无相应成熟的经验用于借鉴，也无相应的系统理论用于指导，从而使得不少地方普通本科高校在改革课堂教学方法的过程中倍感迷惘，且相应的改革成效也欠乐观。为此，本书将在全面把握地方普通本科高校课堂教学方法改革现状及相应障碍类问题的根源之基础上，系统探索有助于突破当下地方普通本科高校课堂教学方法改革过程中存在的相应障碍类问题之对策。

（二）研究意义

1. 理论意义

目前，有关课堂教学方法的理论不仅大多来自中小学（幼儿园）的课堂教学实践，而且大多指向中小学（幼儿园）的课堂教学实践，其主要原因在于，已有关于课堂教学方法问题的研究通常聚焦于中小学（幼儿园）领域，关于高校课堂教学方法问题的研究不仅相对极少，而且大多停留在理论思辨、经验总结与个案调查层面，甚至不少研究还局限于某一具体科目课程上，罕见系统探讨高校课堂教学方法问题的研究成果。本书基于地方普通本科高校课堂教学方法改革这一主题，运用理论与实证相结合的综合性研究方法而获取的系统性研究成果，无疑能够在一定程度上丰富高校课堂教学方法及其改革理论。此外，通过本书的研究，引发更多学者关注地方普通本科高校（课堂）教学方法改革这一研究主题，产出更多相关研究成果，从而进一步拓展高校教学论。

2. 实践意义

本书的实践意义有三：其一，促进地方普通本科高校加大课堂教学方法及其改革的管理力度。本书有关地方普通本科高校课堂管理问题及课堂教学方法改革问题的相关研究成果，理应可以增进地方普通本科高校相关管理者的重视，且可以为其相应管理实践提供一定的理论指导；其二，提升地方普通本科高校教师践行课堂教学方法改革的成效。从当前现实看，广大地方普通本科高校教师在课堂教学方法改革的实践中，因缺乏系统性的相应理论为指引而在课堂教学方法改革实践中备感迷惘与彷徨乃至丧失信心而放弃改革。本书不仅系统阐述地方普通本科高校教师在课堂教学方法改革中存在的系列障碍性问题之根源，而且将致力于从操作层面发掘其相应的破解对策，无疑可以为广大地方普通本科高校教师在课堂教学方法改革实践中提供相应的理论参考；其三，促使广大地方普通本科高校学生积极参与课堂教学方法改革。本书既从学生层面剖析了当下影响地方普通本科高校课堂教学方法改革的障碍性问题之根源，又从操作层面探索了相应的破解对策，因而相应研究成果理应既可以在一定程度上增进广大学生对课堂教学方法改革的认识，又可以在一定程度上增进广大学生参与课堂教学方法改革的行为。

四、研究思路与方法

研究思路与方法是事关研究实践是否可以顺利实施的两大因素，一项研究的顺利实施离不开清晰而有序的研究思路与科学而可行的研究方法。本书的研究思路与研究方法如下。

（一）研究思路

为了系统探讨地方普通本科高校课堂教学方法改革这一主题，本书紧紧围绕“文献梳理—理论探讨—实证调查—质性研究—对策反思”的研究思路展开。首先，通过文献梳理，了解国内外有关高校教学方法改革问题的研究现状，以之为本书找到相应的立足点与突破点；接着，从理论层面界定“地方普通本科高校”“课堂教学方法”“课堂教学方法改革”等几个与本书研究密切相关的核心概念，并对“建构主义理论”“交往行动理论”“教学过程最优化理论”等几个有关课堂教学方法改革相的理论进行阐述，以之为本书提供相应的分析框架与理论逻辑；而后，针对课堂教学方法改革这一问题，对地方普通本科高校师生进行大样本调查，并基于调查数据系统剖析当下地方普通本科高校课堂教学方法改革过程中存在的系列障碍性问题之根源；然后，运用选择一所典型的地方普通本科高校进行质性研究，以点面结合的研究方式进一步深入剖析当下地方普通本科高校课堂教学方法改革过程中系列障碍性问题的根源，以之深化对现实中地方普通本科高校教学方法改革问题的认识，并为改进相应问题提供依据；最后，针对当前地方普通本科高校课堂教学方法改革中存在的系列障碍性问题，从新时代对地方普通本科高校的相关要求出发，探索相应的破解对策。

（二）研究方法

为系统探讨地方普通本科高校课堂教学方法改革这一主题，本书在文献梳理的基础上，综合运用理论思辨、实证调查与质性分析相结合的研究方法开展研究。主要研究方法如下。

（1）文献法。本书运用文献法梳理国内外有关高校课堂教学方法改革研究的概况，并据此提出本书的研究问题；此外，运用文献法与思辨法相结合，对“地方普通本科高校”“课堂教学方法”“课堂教学方法改革”等核心概念进行界定，并对有关高校课堂教学方法改革的几个理论进行阐述。

（2）思辨法。本书除了运用思辨法与文献法结合起来界定相应的核心概念及阐述有关理论外，还运用思辨法系统探讨破解当下地方普通本科高校课堂教学方法改革障碍性问题的相应策略。

（3）问卷法。本书运用自编问卷对地方普通本科高校教学方法改革现状展开调查研究与分析，并结合思辨法进一步剖析当下地方普通本科高校课堂教学方法改革中障碍性问题的根源。

（4）质性研究法。本书以研究者本人作为研究工具，以一所典型的地方普通本科高校为个案，在自然情境下采用观察法及深度访谈法收集相应的研究资料，并据此进一步揭示当下地方普通本科高校课堂教学方法改革中障碍性问题的根源，从而实现“点”“面”相结合的研究，以之增进研究结论的说服力。

第一章　理论探讨：概念界说与理论基础

任何研究都是一项具有创造性的实践活动，本书的研究亦不例外。由于理论是实践的导师，因而本书在开篇第一章专门探讨与书中的研究密切相关的系列概念及几个基本理论。

第一节　概念界说

概念是思维的基本单位，是认识客观事物的逻辑起点。由于任何一个概念都既有特定的内涵、又有特定的外延，因而对于一项认识活动来说，界定其中的核心概念，有助于进一步明晰与辨析认识对象。显然，为准确把握地方普通本科高校课堂教学方法改革现状，有必要事先对其中涉及的几个核心概念逐一进行厘清。

一、地方普通本科高校

（一）本科高校

1. 高校

高校是高等学校的简称，泛指各级各类大学、专门学院和高职高专院校，是从事高等教育活动的主要机构。在我国，一直存在“高校”和“大学”两种称谓，在很多场合下，人们并不细分它们之间的差异而加以混用，其实，“高校”与“大学”两个概念之间存在明显区别。“高校”一词对应的英文是“college and university”，包括综合性大学（简称“大学”）和专业性的学院（简称“学院”）。一般来说，专业性的学院与英文“college”对应，其与综合性大学的主要不同在于，其学科专业相对较少且在人才培养特色上具有鲜明的专业性。不过，有时也会有人将英文“college”翻译成大学，这样一来，就将英文“college”一词泛化成我国语境中的“大学”和“学院”两个概念了，即有人将英文“college”同时对应我国语境中的“大学”和“学院”。“大学”通常是指综合性大学，其对应的英文是“University”，其学科比较齐全，规模通常也比较大。在我国，随着高校之间的合并与重组，越来越多的学院与其他学院合并组建成多科性大学，在此背景下，人们也习惯将多科性学院统称为“大学”或“综合性大学”，并将组建而成的多科性大学翻译成“university”。值得指出的是，不少人有时也将综合性大学或多科性大学（均对应英文“university”）下设的教学单位（二级学院）也称为“学院”，甚至还将这类二级学院与英文“college”对应，不过，很多人认为将这类二级学院与英文“school”对应才更合适。从词源学上看，“college”一词来自拉丁语 collegium，后缀 um 表示“场所”，其字面意思就是“community of colleague”，表示一群人在一起生活、学习的场所。“University”一词源于拉丁语“Universitas”，其原本的意思是行会、团体，后引申为“为学习和研究某种学问而自愿结合起来的师生共同体”①。到了 18 世纪，高校有了更为广阔的含义。比如，伯顿·克拉克认为“高校……某种程度上有资格讲它是近代自然科学和社会科学的诞生地”②，洪堡提出“教学与科研相结合”原则建立柏林大学，“通过研究进行教学”和“教学与科研相统一”塑造了教学与科研相结合的现代大学新模式。1865 年，美国建立了康奈尔大学，这是一所完全具有综合性大学组织特征的大学；约翰·霍普金斯大学相继于 1876 年建成，这所大学从建成开始就注重科研和研究生教育，成为同类大学的佼佼者（Arthur M. Cochen，1998）③。当今时代，高校的含义更加

---

① 吴文侃，杨汉清. 比较教育学［M］. 北京：人民教育出版社，1989：549.

② 克拉克. 高等教育新论：多学科的研究［M］. 王承绪，等译. 杭州：浙江教育出版社，1988：36.

③ 科恩. 美国高等教育通史［M］. 北京：北京大学出版社，2010：162.

丰富，但总体来说，高校的基本含义即是探究高深学问的学校，具体而言，高校是指，以探究高深学问为主要目的一群人所共同生活与共同学习的场所。本书所指高校，特指各级各类普通高等学校，其中，既有“college”对应的专业性学院，又有“university”对应的综合性大学。

2. 本科高校

本科属于高等教育的一个层次类型，其对应的英文为“undergraduate”，是高等教育的基本组成部分，一般来说，接受本科层次高等教育的学生毕业后可以获得“学士”学位。本科高校，泛指一切具有培养本科层次人才资格的普通高等学校。值得一提的是，本科高校并非仅仅培养本科层次人才，其实，很多本科高校除了培养本科层次人才之外，还承担着培养硕士研究生层次甚至博士研究生层次人才的责任，且迄今还有部分本科高校还承担着培养专科层次人才的责任。本书中所指称的本科高校，特指一切主要培养或全部培养本科层次人才的高校。

（二）普通本科高校

1. 普通高校

普通高校是普通高等学校的简称，是高等教育的重要组成部分。具体来说，普通高校是指由国家部委、省级人民政府（含新疆生产建设兵团）、省（自治区、直辖市）教育行政部门主管或联合主管，具有培养全日制人才的办学条件与办学资格，实施统一招生并实行普通高等学历教育的学校。从办学层次的角度可以分为普通高等专科学校和普通本科高校，从办学经费来源的角度可以分为公办高校和民办高校。

2. 普通本科高校

普通本科高校是普通本科高等学校的简称，是普通高校中以主要培养或全部培养本科及以上层次人才为办学层次的一类高校。在本书中，普通本科高校特指主要培养或全部培养本科层次人才的全日制普通高等学校。

（三）地方普通本科高校

1. 地方高校

地方高校是地方高等学校的简称，泛指由各省、自治区、直辖市主管，办学经费大多由地方财政提供的普通高等学校。目前，地方高校是我国高等教育体系的主体部分。由于地方高校隶属各省、自治区、直辖市，且办学经费大多依靠地方财政，因而其主要办学目标是，立足服务地方经济社会发展，为地方培养高素质、高层次人才。值得指出的是，地方高校的地理位置既可以位于北京、上海、天津等国家直辖市和新疆维吾尔自治区、内蒙古自治区、西藏自治区等自治区及广州、武汉、南京等省会城市的市区，也可以位于上述直辖市、自治区及省会城市的市郊，还可以位于地（市、州），甚至还可以位于县（区、市）等处。尤值一提的是，地方高校也有公办高校和民办高校之分，且地方高校中既有上海大学、苏州大学、郑州大学等 211 高校，也有诸如西北大学、山西大学、西安理工大学等设有研究生院的高校。

2. 地方普通本科高校

地方普通本科高校是地方高校中主要培养或全部本次层次人才的高校。本书中的地方普通本科高校特指，隶属于各省、自治区、直辖市，办学经费主要依靠地方财政提供，办学性质属于公办，办学层次为本科的全日制普通高等学校。值得指出的是，本书中的地方普通本科高校主要培养或全部培养本科层次人才，即是说，这些地方普通本科高校除了培养本科层次人才之外，同时还可以培养少量专科层次人才或者少量研究生层次人才。

二、课堂教学方法

（一）教学

教学是实施教育的主要途径，有广义和狭义两种理解。广义的教学泛指教的人以一定文化为对象指导学的人进行学习的活动；狭义的教学专指学校教学，是指为达成教学目标，教师组织和引导学生学习掌握专门内容的活动[①]。本书取狭义的教学之义，即特指高校的教学，包括教师的教和学生的学两个方面。在此，尤值一提的是，学生在教师的指导

① 黄甫全，王本陆．现代教学论学程序［M］．北京：教育科学出版社，1998：240-241。

下开展的自学活动属于本书所指的教学范畴，而学生自发开展的自学活动则不属于本书所指的教学范畴。

（二）教学方法

何谓教学方法？目前，关于教学方法的界说可谓莫衷一是。比如，弗·鲍良克认为，教学是师生双方的双边活动，教学方法既包括教师的工作方法又包括学生的工作方法①；巴班斯基认为，教学方法是教师与学生为完成教育与发展的任务而开展的理论与实践活动的方法②；王道俊、郭文安指出，教学方法是师生双方为了完成教学任务而采用的方法，是教师引导学生掌握知识、技能获得身心发展而共同活动的方法，包括教师的教的方法和学生学的方法③；李秉德的观点是，教学方法是师生双方在教学过程中为完成教学任务与实现教学目的，运用各种相互联系相互活动的方法的总称④。本书认为，尽管学者们的说法不尽一致，但大都认为，教学方法是基于一定的教学任务，教师和学生共同活动的方法。由于方法是“关于解决思想、说话、行动等问题的门路、程序等”⑤，泛指人们为实现一定的目标而采取相应的各种行为方式的总和，因而，本书认为，所谓教学方法，就是为了达成预期的教学目标、完成既定的教学任务，教师引导学生开展教与学的活动时所采取的所有行为方式的总称，包括教师教的方法和学生基于教师指导的学法。

（三）高校教学方法

关于高校教学方法的概念问题，不同的学者有不同的表述，但总的来说，大致可以归结为四种：一是关于高校教学方法的描述性定义。比如，有学者提出，高校教学方法是教师和学生为达到教学目的而共同进

① 弗·鲍良克. 教学论［M］. 钟启泉，译. 上海：上海教育出版社，1986：280-281。

② 巴班斯基. 教育学［M］. 李子卓，等译，北京：人民教育出版社，1986：206.

③ 王道俊，郭文安. 教育学［M］. 北京：人民教育出版社，2009：234。

④ 李秉德. 教学论［M］. 北京：人民教育出版社，1991：197.

⑤ 中国社会科学院语言研究所词典编辑室. 现代汉语词典（2002 年增补本）［M］. 北京：商务印书馆，2002：353.

行认识和实践活动的途径和手段，也就是教师如何教、学生如何学的问题[①]；二是关于高校教学方法的演绎式定义。比如有学者指出，高校教学方法乃是教学形态的科学方法，是科学方法在教学条件下的运用，即是说，高等学校教学方法的本质是师生联系方式与科学方法的统一，也是教学方法的对象特点与学科特点的统一[②]；三是关于高校教学方法的规定性定义。比如，有学者主张，高校教学方法是高校教师指导和帮助学生学习的方法，也即是教师教学生学习的方法[③]；四是关于高校教学方法的方法性定义。比如，有学者认为，高校教学方法，一般指狭义的教学方法，即指在教学活动过程中，教师如何对学生施加影响，怎样把科学知识传授给学生并培养学生能力、发展智力、形成一定道德品质和素养的具体的手段[④]。

本书认为，上述表述尽管不尽一致，但也有四大共性之处：其一，都认为高校教学方法既包括教师教的方法，又包括学生在教师指导下的学习方法；其二，都认为教师的教法与学生的学法之间存在密切联系；其三，都认为高校教学方法蕴含思想性；其四，都认为高校教学方法具有目的性。为此，考虑到高等教育的主要责任是教会学生进行科学探究与科学思维，本书指出，所谓高校教学方法，是指为达成一定的教学目标，完成既定的教学任务，高校教师在一定教学思想的指导下，引导和帮助大学生科学认识已有人类知识成果及学科前沿知识，并对未知的学科知识及相关知识体系进行科学思维与探究的方法。本书特指地方普通本科高校中教师引导和帮助本科生进行理论学习和实践训练的方式与手段，既包括地方普通本科高校中教师的教法，也包括地方普通本科高校中本科生在教师指导下的学法（学习方法）。

（四）课堂教学方法

课堂教学方法由“课堂”和“教学方法”二个词组成。所谓课堂，

① 薛天祥. 高等教育学［M］. 桂林：广西师范大学出版社，2001：214.

② 潘懋元. 新编高等教育学［M］. 北京：北京师范大学出版社，1996：380.

③ 徐继存. 教学方法阐释［J］. 西南师范大学学报（社会科学版），2002（6）：58-62.

④ 潘懋元，王伟廉. 高等教育学［M］. 福州：福建教育出版社，1995：201.

泛指进行各种教学活动的场所[①]，是教师引导学生一起学习与成长的地方，是学校育人的主渠道。传统的课堂通常是指教室。当前，随着信息技术的发展，尤其是腾讯会议、雨课堂软件等引入教学活动之中，“课堂”的含义便由传统意义上的“教室”演变成为昔日存在的“真实教室”和“虚拟教室”两类教室。当下的课堂泛指，教师与学生在一起，以知识与技能为对象，以相互交流与讨论为手段，从而实现共同成长的场所。本书中的课堂泛指一切“真实教室”和“虚拟教室”。本书中的课堂教学方法特指高校课堂教学方法，具体来说，特指在地方普通本科高校的课堂（“真实教室”和“虚拟教室”）中，教师引导和帮助本科生进行理论学习和实践训练的方式与手段，既包括地方普通本科高校课堂中教师“教”的方法（教法），也包括地方普通本科高校中本科生在教师指导下的学习方法（学法）。

三、课堂教学方法改革

（一）教学改革

“改”即改变、变动，“革”即革新，“改革”的意思就是改变旧事物或不合理事物以使之更加完善与合理。在教学这一特定语境中，改革的意思是指在旧有教学体系基础上，对其中的部分教学体系进行调整与完善，使之始终符合时代、国家发展要求，符合教育教学规律。不难推断，教学改革包括教学思想改革、教学内容改革、教学方法改革、教学制度改革、教学管理改革等组成部分。

（二）教学方法改革

教学方法改革可以理解成改革教学方法或对教学方法进行改革。鉴于上述教学方法的界定，本书对教学方法改革这样定义：所谓教学方法改革，是指为了更有效地达成既定的教学目标与完成预期的教学任务，

---

① 中国社会科学院语言研究所编辑室．现代汉语词典［M］．北京：商务印书馆，2016：738.

教师和学生在有关部门的管理与领导及自身主观努力下，分别对各自的教法与学法中滞后于当今社会与当代教育发展的部分进行调整、更新与完善的活动。教学方法改革既包括教师教法的改革，也包括学生在教师指导下进行的学法改革。

（三）高校教学方法改革

顾名思义，高校教学方法专指各级各类高等学校中进行的教学方法改革。具体而言，高校教学方法改革是指，各级各类高校或各级各类高校教师与大学生，为了进一步提高教学质量，更有效地达成预期的教学目标与完成既定的教学任务，高校教师和大学生在高校教务部门的管理与领导及自身主观努力下，从当今社会与当代教育发展的视角分别对各自已有的教法和学法进行审视并对其中相对滞后的部分进行调整、更新与完善的活动。本书所指的地方普通本科高校教学方法改革，特指地方普通本科高校中进行的教学方法改革，既包括地方普通本科高校中教师的教法改革，也包括地方普通本科高校中本科生在教师的指导下进行的学法改革。

（四）课堂教学方法改革

课堂教学方法改革是教学方法改革的一部分，不过，在现实中，不少人谈及教学方法改革时，习惯将教学方法改革狭义化为课堂教学方法改革。本书中的课堂教学方法改革特指地方普通本科高校中的课堂教学方法改革，既包括地方普通本科高校中教师针对课堂进行的教法改革，也包括地方普通本科高校中本科生在教师指导下针对课堂进行的学法改革。

第二节　理论基础

由于理论基础能够给研究者提供一种观察事物的角度、思考问题的方法、解释现象的依据，因而通过阐述研究的理论基础，能够增进别人对研究过程的理解程度及研究结论的接受程度。为增进读者对本书相关研究过程及研究结论的理解与接受，本节着重阐述有关教学方法改革的三大理论基础。

一、建构主义理论

基于客观主义哲学基础上的行为主义理论将知识与意义看成独立于个体主体性之外客观存在的，而学习则是将独立于主体之外的知识与意义转移到学习者身上。信息加工理论认为知识与信息本身就以某种形式存在，学习个人需接受相关知识与信息然后才能对其进行编码与储存。建构主义理论是在认知学习理论的基础上随着工业化社会深化演变而产生的新发展。与客观主义哲学相对，建构主义理论认为知识与意义内在于学习者个体内，是由学习者主体建构起来，认识事物不是事物本身决定而是主体基于客观事物基础上的主观解释与理解。建构主义理论是众多理论的统称具有较大差异，但是其主流核心思想有一致性。主要观点有：其一，知识具有不确定性与动态性，通过一定的语言符号赋予外在表现形式后被多数接受的知识仅为知识在多数人头脑中建构而成并不对应每个学习者，是一种常规通用解释与假设并不能精准概括其本身；其二，学生的经验世界具有多样性与差异性，学习者自身生活经历使其头脑具有丰富的经验性，不同的生活经验与体悟造就不同学习者的经验世界，教学要以学习者已有经验世界为基石寻求新的知识锚点；其三，学习要发生在相应情景化社会实践中，通过“学习共同体”，在自己原有知识经验基础上主动建构个人认识，学生是自己知识的建构者。建构主义强调知识的动态性、学生的差异性与学习的自主性。

以建构主义理论为立足点审视地方普通本科高校课堂教学方法改革，可以为之提供新的视角。建构主义认为，知识仅仅是对客观世界众多解释中的一种，并非确切精准解释。学生学习知识的过程，是学生自我建构知识的过程，教师教授知识的目的不应该仅仅是为了让学生习得相应的知识，而更应该是为了学生掌握获取知识的方法。在课堂教学方法改革过程中，明了学生主体地位，充分发挥学习者的主体作用，教师教的改革是为学生学的改革服务。重视学习者差异性，因学生学习、生活经历各不相同导致内在精神经验千差万别，充分发挥学生差异性，以学生独有差异性为切入点，因材施教，针对不同群体、个体的课堂教学方法应该不同，不能采用固定不变的课堂教学方法，课堂教学方法做到因人而异。基于学生已有经验利用情景充分发挥学习者个人学法改革的主体性，利用学习共同体共同构建学生个人的学习方法。

二、交往行动理论

哈贝马斯在对传统理性主义批判的基础上形成了交往行动理论。人类通过劳动再建其生活，如果不开展劳动其他事情就无法开展，人类社会就不能长久发展。传统的劳动被理解为一种单向的或工具性的努力，是一种由效率的迫切需要推动的工具性的努力即一种有生产力的努力而不是围绕交往的努力。不失真清晰的沟通对话（undistorted communication）是人的本质。传统社会扭曲了沟通，认为在传统科学与整个西方历史、欧洲社会在劳动和沟通领域处理的问题是沟通。在劳动与工具理性的领域我们建立科学学科，在沟通领域我们设立人文学科，寄希望这些学科教导人们如何沟通。哈贝马斯认为交往理性的基础是彼此交往的共识，我们只有在与其他自我沟通互动中才能成为自我。开放、平等、民主语境，沟通者之间有同等语言有效性与权威性，互相间自愿真诚表达自身的感情与想法，这些是交往成功的重要因素。交往行动理论重视沟通双方之间的交流即主体—主体间的沟通，致力于将传统的以沟通主体为中心转变为以沟通主体与主体间为中心。

教学是师生的交往与行为互动，交往行动理论对其具有明显的指导意义。基于交往行动理论审视高校课堂教学方法改革，强调教师和学生在教学过程中的平等、准确交流沟通。教师与学生是教学发生的两大基本群体，两大主体之前在教学过程中的沟通是高校课堂教学方法改革的重要构成部分。课堂教学方法改革是发生在师生之间的一种实践活动，在这个过程中，理应重视教与学双方地位的平等。教学者，学前为师，在乎知识学习之先后而并非地位之高下；学习者，学在师后，知识的接受者，与教师在教学上地位平等，人格相同。师与生在语境权威性与有效性相同，学生在人格尊严上并非低于教师。师生之间知识传授解惑的过程，其本质就是知识传授过程，当然它也是双方语言与思维沟通的过程。在课堂教学方法改革过程中，师生主体之间理应形成有效交流沟通，满足言语沟通的可理解性、内容真实性、陈述程序恰当性以及语言真诚性的特点。课堂教学的本质是人与人之间的沟通，在课堂教学方法的选择过程中要重视接收者的实际情况，重视师生间的有效沟通而并非教师个人的“独角戏”，课堂教学过程中，教师要给学生“表现”的机会，积极主动与学生互动，学生个人也要端正学习的态度，积极地与教师开展沟通与讨论。

三、教学过程最优化理论

基于系统方法论理论上，巴班斯基提出教学过程最优化理论。该理论认为，认为世界上的所有事物、现象等都是相互联系的，世界是一个相互联系的有机整体，这是系统方法论的基本观点。巴班斯基基于这个观点将教学过程当作一个系统，将教学过程中的构成要素，如教师与学生、教学目的、教学物质基础、教学方法与手段、教学内容、教学时间等进行分析。并提出教学过程最优化并不是教学过程最理想的状态，只是基于当前教学过程构成要素进行优化的产物，并不是一成不变的。教学过程最优化的一个重要构成部分是教学方法最优化，而教学方法最优化的关键问题是如何选择恰当教学方法在固定的教学时间中实现教学任务与教学目的。在教学方法的选择过程中巴班斯基认为教师个人校对教学方法的多元性进行熟练认知，在考虑学生的基本情况下结合教学目标、教学任务、教学内容、教学时间等多种因素情况下进行学方法的最优化①。

基于教学过程最优化理论发现，课堂教学方法不是一成不变的，唯一不变的是课堂教学方法改革本身，没有最好的统一的课堂教学方法。

---

① 巴班斯基．教学过程最优化：般教学论方面［M］．张定璋，等译，北京：人民教育出版社，2007：53-68.

在课堂教学方法改革过程中要考虑具体的教学目标与教学任务、考虑教师自身性格、对教学方法的熟练度与教师教学能力强弱、兼顾教学内容、教学场所实际、结合学生现状等众多因素进行系统分析，结合分析情况，综合考虑多种教学方法自身特点，教师选择一种当前情形下最优的教学方法进行课堂教学方法改革。在课堂教学方法改革过程中，既不能盲目追求别人成功的课堂教学方法，也不能盲目追求时髦新鲜的课堂教学方法，更不能盲目地追求一刀切的课堂教学方法改革，而应该依据实际，因人而异。“教学有法，而无定法”，在课堂教学过程中，课堂教学方法是必不可少的，没有课堂教学方法课堂教学就不能完成。但课堂教学方法的选择不是盲目与追逐潮流的，课堂教学方法的选择要契合教学对象、教学时间、教学场地、教学目标、个人教学能力等，别人擅长的课堂教学方法并不一定是个人也能擅长驾驭的。课堂教学方法的选择要适合课堂教学的全局，目的是提升课堂教学效率与师生教学的体验感，更好地提升课堂教学质量。

第二章　现状扫描：地方普通本科高校课堂教学方法改革的实证调查

没有调查就没有发言权。本章将基于实证的立场，对地方普通本科高校课堂教学方法改革现状进行全景式描述与分析。

第一节　调查设计与过程

为了让调查更系统与完整，在正式开展调查前，需要明晰调查目的并具象化到指标、调查主体与客体、调查措施、样本容量、目标指标、搜集方式、结果统计等，所有的一切都离不开调查设计。

一、调查设计

普通本科高校课堂教学方法是指各级各类普通本科高校教师引导和帮助大学本科生进行理论学习和实践训练的方式与手段。“课堂教学方法是提高教学质量的‘内在资源’”，直接关系到人才培养的水平。当今，无论是高教理论界还是高教实践界，均已意识到高校课堂教学方法的重要性及其改革的必要性与紧迫性，且在其改革层面作过颇多探讨。然而，迄今为止，高校课堂教学方法改革的理论成果十分有限，对实践的指导明显不足。显然，审视当下高校课堂教学方法改革的现状，剖析其成因并探讨其改进对策，实属重要。为此，我们通过多种形式与渠道并采用分层抽样与整群抽样相结合的方法选取的教师样本容量为 428，学生样本容量为 640。其中教师卷回收 428 份，样本回收率为 100%，被问卷教师基本情况见表1；学生卷，回收640份，回收率100%，被问卷学生基本情况见表2。本次调查统计发现，对于相关问题的回答，教师之间在职称、性别及所在学校类型上无显著差异（$p>0.05$），学生之间在年级、专业科类及所在学校类型上无显著差异（$p>0.05$）。

表1　研究对象基本信息（教师卷）

变量	类别	人数/人	百分比
性别	男	238	55.61%
	女	190	44.39%
年龄	30岁及以下	31	7.24%
	30—35岁	72	16.82%
	36—45岁	173	40.42%
	46—55岁	124	28.97%
	56岁及以上	28	6.54%
学历	专科	5	1.17%
	本科	63	14.72%
	硕士研究生	191	44.63%
	博士研究生	168	39.25%
	其他	1	0.23%
职称	教授	101	23.60%
	副教授	130	30.37%
	讲师	169	39.49%
	助教	28	6.54%
学校类型	普通一本高校	247	57.71%
	普通二本高校	123	28.74%
	其他	58	13.55%
任教学科	自然科学类	87	20.33%
	人文社科类	341	79.67%

续表

变量	类别	人数/人	百分比
岗位	科研型	12	2.80%
	教学科研并重型	246	57.48%
	教学型	113	26.40%
	管理型	47	10.98%
	其它	10	2.34%

表 2　研究对象基本信息（学生卷）

变量	类别	人数/人	百分比
年级	大一	130	20.31%
	大二	218	34.06%
	大三	224	35%
	大四	64	10%
	大五	4	0.63%
性别	男	109	17.03%
	女	531	82.97%
学校类型	普通一本高校	174	27.19%
	普通二本高校	457	71.41%
	其它	9	1.41%
学科类型	自然科学类	75	11.72%
	人文社科类	565	88.28%

二、调查过程

为更真实准确了解普通本科高校课堂教学方法改革实际，所以分别从教师角度与从学生角度进行问卷。在对教师进行问卷调查时，因考虑高校教师教学与科研任务比较重，空闲时间较少，所以采用线上问卷（问卷星）为主的问卷的形式，对少部分年龄较大、移动设备使用不熟练的教师采用填写纸质问卷形式。对学生进行问卷调查时，为了尽可能确保学生填写的真实性所以采用纸质线下填写问卷为主，对部分高年级学生采用线上问卷星调查。

此外，由于访谈对象有教师与学生，所以分两批次访谈。第一批次访谈对象为在校任教教师，跟被访谈教师提前约定访谈时间与地点，准备好访谈笔记记录本、录音工具。其中有部分教师是通过电话、微信、QQ 等形式访谈。对不同年级不同专业的学习委员采用线下访谈形式。将教师谈话录音与学生谈话录音、电话语音以及微信、QQ 聊天记录等分别归纳梳理成访谈记录供研究使用。

第二节　调查结果与分析

通过将调查结果进行梳理、归纳、分析，阐述地方普通本科高校课堂教学方法改革的基本情况，这是本节的主要内容。

一、基于教师的调查结果与分析

1. 课堂教学方法改革开展情况

（1）课堂教学方法改革遇到挫折的采取措施情况

根据表 3 可知，大多数被试教师对课堂教学方法改革中遇到挫折采取积极回应方式即教师个人尽最大努力克服挫折困难。由统计结果可知在面对课堂教学方法改革中挫折的时候有 313 名（选择“非常符合”与“比较符合”教师总人数）被试教师采取积极正面应对克服困难坚持不懈地进行课堂教学方法改革，占总被试教师的 73.13%；有 62 名被试教师面对课堂教学方法改革过程中的挫折时持疑惑怀疑态度，占总被试的 14.49%；有 53 名教师在挫折中选择放弃，占总被试教师的 12.38%。根据数据结果可知超七成教师在面对课堂教学方法改革挫折时会选择正面应对，千方百计设法应对挫折，坚持将课堂教学方法改革进行到底。由调查结果可知，大多数教师在课堂教学方法改革的过程中保持积极乐观的态度对改革后有较好的预期，即使在课堂教学方法的改革过程中遇到挫折也会积极采取措施克服困难，出现这种结果可能与教师的个人的性格与责任心密切联系，在被试教师个人的责任心的情况下，被试教师即使面临着挫折也会坚持下去。

表 3　遇到挫折积极采取措施克服困难

	非常符合	比较符合	不能确定	不太符合	很不符合
频次/次	71	242	62	48	5
频率	16.59%	56.54%	14.49%	11.21%	1.17%

（2）课堂教学方法改革放弃情况

由表 4 可知对当课堂教学方法改革没有取得教师满意的结果时候，有 174 名（选择“非常符合”与“比较符合”教师总人数）被试教师通常会淡化课堂教学方法改革意识，占总人数的 40.65%；当面对不及预期的课堂教学方法改革时有 90 名被试教师对课堂教学方法改革出现彷徨，占总被试教师的 21.03%；而持之以恒坚持进行课堂课堂教学方法改革的教师有 164 名，占总被试人数的 38.32%。通过数据可以发现，超四成教师在课堂教学方法改革过程中一旦遇到没有达到改革预期的情况下会放弃改革，超六成教师在课堂教学方法改革中会有放弃的经历或预期，坚定课堂教学方法改革观点的被试教师不足四成。虽然教师在进行课堂教学方法改革过程中有积极的预期持乐观态度，但在实际课堂教学方法改革过程中被试教师因为高校现有的职称晋升机制与评价机制加之长期受被试教师所在学校的教学氛围所累，导致其课堂教学方法改革受到多方因素的干扰，使被试教师最终不得不向现实妥协，进而放弃课堂教学方法改革。

表 4　课堂教学方法改革放弃情况

	非常符合	比较符合	不能确定	不太符合	很不符合
频次/次	30	144	90	143	21
频率	7.01%	33.64%	21.03%	33.41%	4.91%

图 1　课堂教学方法改革放弃原因词云图分布

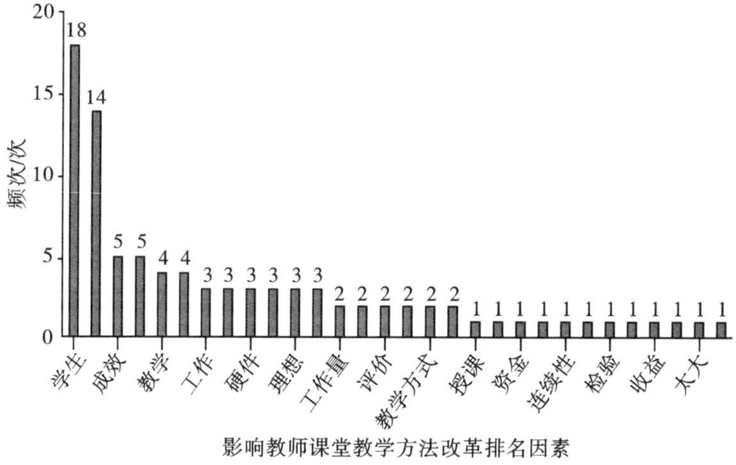

图 2　影响教师课堂教学方法改革排名前十五名因素分布图

通过图 1、图 2 可知影响教师进行课堂教学方法改革最主要因素为改革效果（“效果”与“成效”词频共有 19 次），其次是改革被试即学生，共有 18 次，然后依次为“时间”“教学”“工作”等。根据问卷统计结果所知课堂教学方法改革结果是影响教师进行课堂教学方法改革的关键因素，而被教育者的合作状态以及相关教学过程也是影响教师持续进行课堂教学方法改革的重要因素。

而通过访谈对教师课堂教学方法改革放弃原因调查时发现教学任务与科研也是影响课堂教学方法改革的重要因素，如老师 1：

> 我在教学过程中观察学生学习状态，加大了学生课堂展示时间与学习时间，尽可能减少自己讲的时间，而且运用多媒体将教学内容相关的知识展示出来让大家“抬头”学习。但是经过一段时间后，我就放弃了，主要是因为班上有 127 名学生，学生太多了难以开展，往往一个问题就花费近半个小时，而且给了学生更多自主讨论时间，讲课时间本来压缩严重，导致课程进度停滞不前，后来就放弃了，恢复以前教学方式。又如，老师 2：我主动对课堂教学方法进行了改革，但一个月时间不到我就放弃了。放弃的主要原因是进行课堂课堂教学方法太消耗精力了，大大增加了我的工作量，本来自己的教学任务就重，而且科研任务也较多，最近刚刚接了一个科研项目，实在是精力有限就放弃了。

2. 课堂教学方法改革投入情况

(1) 教师个人投入情况

由表 5 可知，在对教师关于课堂教学方法改革投入情况的调查中有 82 名被试教师认为其对课堂教学方法改革投入较多非常符合其基本状态，占总被试的 19.16%；有 267 名教师认为比较符合其基本状态，对课堂教学方法的改革思考投入较多，占总被试的 52.38%；有 51 名被试教师不太确定，占总被试教师的 11.92%；另有 28 名（选择“不太符合”与“很不符合”）教师认为其课后尚未对课堂教学方法改革投入太多，占总被试教师的 6.54%。共有近九成（81.54%）的被试认为其对课堂课堂教学方法改革方面投入较多，付出较大，一成不到的教师对课堂教学方法改革投入较少。出现这种情况的原因充分体现出，被试的高校教师内心深处也渴望提升教学能力，使自己的讲授课目受学生欢迎。

表 5　教师对课堂教学方法改革投入情况

	非常符合	比较符合	不太确定	不太符合	很不符合
频次/次	82	267	51	25	3
频率	19.16%	62.38%	11.92%	5.84%	0.7%

（2）学校投入情况

根据表 6 可知，在对课堂教学方法改革的调查中结果知，有 50 名被试教师认为其所处高校对课堂教学方法改革进行了较大的付出与投入，占总被教师的 11.68%；高达 205 名被试教师认为其所在高校重视课堂教学方法改革并且大量投入其中，占总被试教师的 47.9%；有 92 名被试教师不清楚其所在学校是否针对课堂教学方法改革进行了投入，占总被试的 21.5%；有 81 名（选择“不太符合”与“很不符合”教师总人数）被试教师认为其所处高校尚未对课堂教学方法改革进行大量投入，占总被试教师 18.92%。根据结果可知，近六成被试教师认为其所处高校重视教师课堂教学方法改革，并进行大量投入。课堂教学方法改革是高校教学改革的突破口与重要构成部分，也是制约高校教学质量发展的关键因素。高校为了提升自身的竞争力，对课堂教学方法改革投入较多。

表 6　学校对课堂教学方法改革投入情况

	非常符合	比较符合	不太确定	不太符合	很不符合
频次/次	50	205	92	69	12
频率	11.68%	47.9%	21.5%	16.12%	2.8%

根据表 7 可知有 271 名（选择“非常符合”与“比较符合”教师总人数）被试教师认为其所在高校会定期召开关于课堂教学方法改革的研讨会，占总被试的 63.32%；72 名被试教师难以确定自己所在高校是否针对课堂教学方法改革开展了研讨会，占 16.82%；而选择“不太符合”与“很不符合”的被试教师分别为 74 名与 11 名，即有 85 名被试教师认为其所在高校并未就课堂教学方法改革开展过研讨会活动，占总被试教师的 19.86%。大多数被试教师所在高校针对课堂教学方法开展

研讨会，促进课堂教学方法改革的开展。

表 7　学校课堂教学方法改革研讨会情况

	非常符合	比较符合	不太确定	不太符合	很不符合
频次/次	59	212	72	74	11
频率	13.79%	49.53%	16.82%	17.29%	2.57%

根据表 8 可知有 242 名（选择“非常符合”与“比较符合”教师总人数）被试教师认为其所在高校经常开展课堂教学方法改革评比活动，占总被试的 56.55%；85 名被试教师难以确定自己所在高校是否针对课堂教学方法改革开展了研讨会，占 19.86%；而选择“不太符合”与“很不符合”的被试教师分别为 89 名与 12 名，即有 101 名被试教师认为其所在高校并未就课堂教学方法改革开展过研讨会活动，占总被试教师的 19.86。超半数被试教师所在高校针对课堂教学方法改革开展了相关课堂教学方法改革评比活动。

表 8　学校课堂教学方法改革评比活动

	非常符合	比较符合	不太确定	不太符合	很不符合
频次/次	54	188	85	89	12
频率	12.62%	43.93%	19.86%	20.79%	2.8%

而在学校关于课堂教学方法改革投入情况的访谈中，可以发现虽然部分高校因为各种原因未能设立课堂教学方法改革指导机构，但是付出较多。如领导 1：因为学校管理机构自身本来就很臃肿了，在进行管理机构的改革，精简机构，所以学校尚未成立课堂教学方法改革指导机构或组织。虽然没有设置专门机构，但是学校还是十分重视课堂教学方法改革进度。又如领导 2：认真对待课堂教学，完善自己的课堂教学方法，让学生“乐学”“会学”“愿意学”，学院要求教师在其课堂教学计划中体现出课堂教学方法改革痕迹。而且为了让学生更愿意学习，我们这两年陆续将空闲办公与会议场所进行改造，然后提供给学生自习。

3. 课堂教学方法改革结果情况

(1) 课堂教学方法改革后教学质量情况

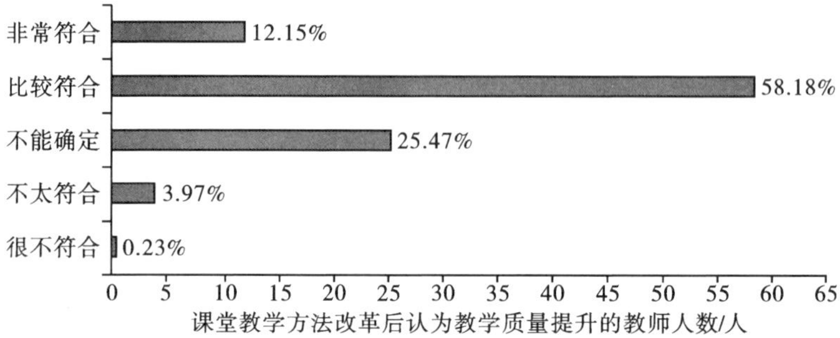

图 3 课堂教学方法改革后教学质量情况

由图 3 可知，在经过课堂教学方法改革后，70.33%（选择“非常符合”与“比较符合”教师比重）的被试教师认为其教学质量获得提升，但是仍有 25.47%的被试教师难以判断教学质量是否获得提升，4.2%的被试教师认为课堂教学方法改革后其教学质量并没有获得提升。综上可知，通过教师的课堂教学方法改革投入，学校课堂教学方法改革投入与付出，学校大多数教师的教学质量在课堂教学方法改革后都获得不同程度的提升。

(2) 课堂教学方法改革后课堂到课率情况

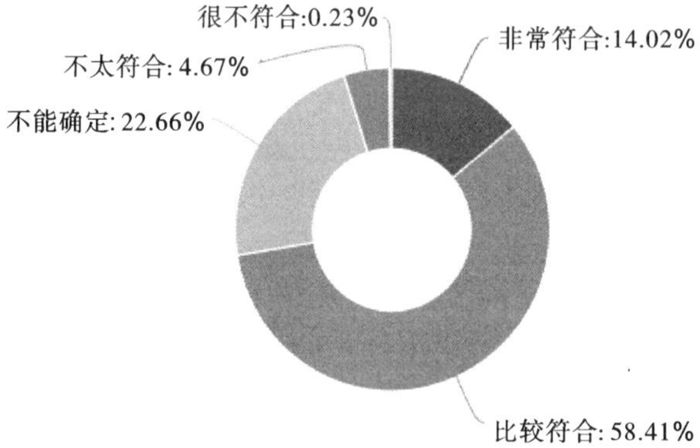

图 4 课堂教学方法改革后课堂到课率情况

由图 4 可知，在经过课堂教学方法改革后，72.43％（选择“非常符合”与“比较符合”教师比重）的被试教师认为课堂上学生到课率有提升，但是仍有 22.66％的被试教师暂不能判断其学生到课率是否与课堂教学方法改革有关，4.9％的被试教师认为课堂教学方法改革后其班级课堂到课率并没有获得提升。综上知，大多数教师的课堂到课率在课堂教学方法改革后都获得不同程度的提升。

（3）学校课堂教学方法改革成效

由图 5 可知，在经过课堂教学方法改革后，43.92 ％（选择“非常符合”与“比较符合”教师比重）的被试教师认为其所在高校的课堂教学方法改革取得了明显成效，但有 39.49％的被试教师暂不能判断其所在高校课堂教学方法改革是否取得了明显的成效，16.59％的被试教师认为其所在高校的课堂教学方法改革并没有取得明显成效。综上所知，仅有四成左右的被试教师认为其所在高校的课堂教学方法改革取得了明显成效，有近两成被试教师认为其所在高校的课堂教学方法改革并没有取得成效。因为教育具有滞后性、隐形性，课堂教学方法改革的成效的显现化具有过程性，很多影响不是短时间内可以表现出来。当然在课堂教学方法改革过程中也存在改革措施粗糙、单一，贯彻改革时间短等因素导致部分课堂教学方法改革没有取得成效。

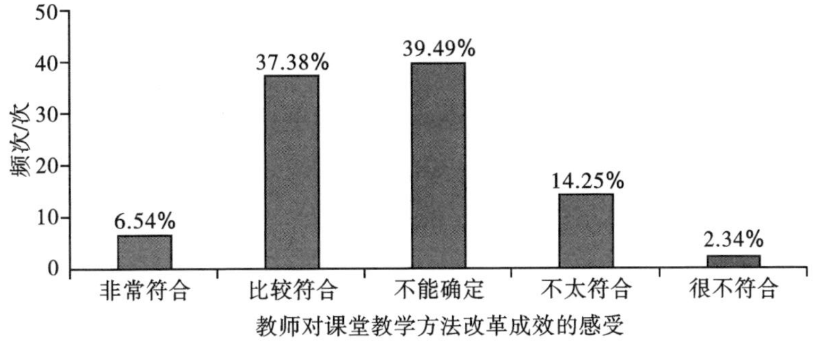

图 5　课堂教学方法改革成效情况

4. 课堂教学方法改革预期情况

根据表 9 可知有 315 名（选择“非常符合”与“比较符合”教师总人数）被试教师对课堂教学方法改革后的教学情况有明显预期，占总被试的 73.59%；87 名被试教师对教训方法改革后的预期难以判断，占 20.33%；而选择“不太符合”与“很不符合”的被试教师分别为 24 名与 2 名，即有 26 名被试教师对课堂教学方法改革后的教学并不抱有预期，占总被试教师的 6.08%。超七成被试教师对课堂教学方法改革后的教学状况抱有期待，仅有一成不到的被试教师对课堂教学方法改革后情况没有预期。

表 9　课堂教学方法改革结果预期情况

	非常符合	比较符合	不太确定	不太符合	很不符合
频次/次	53	262	87	24	2
频率	12.38%	61.21%	20.33%	5.61%	0.47%

5. 课堂教学方法改革目的状况

（1）提升教学质量

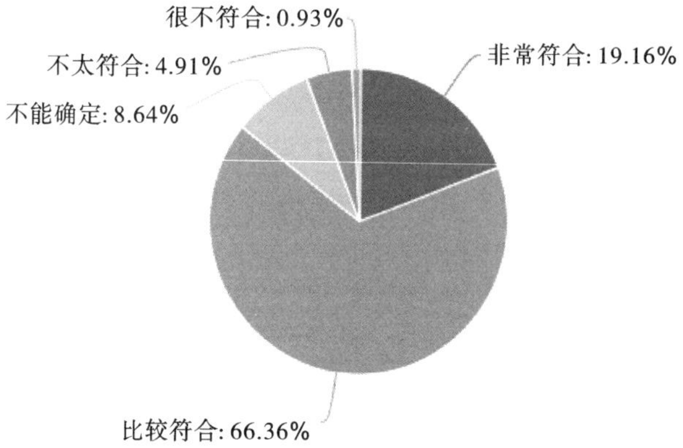

图 6　教师重视课堂教学方法改革提升教学质量情况

在关于课堂教学方法改革后被试教师注重比较改革前后教学质量的调查问卷中可以发现，85.52%的被试教师重视课堂教学方法改革后的教学质量，即超八成教师进行课堂教学方法改革的目的是提升教学质量。教学质量的提升是课堂教学方法改革最直接、最客观的证明，如果经过课堂教学方法改革后教学质量没有获得明显提升，甚至教学质量降低，这种改革结果会影响课堂教学方法改革的持续性与课堂教学方法改革的方向性，所以大多数教师在践行课堂教学方法改革过程中强调教学质量。

（2）促进学生有效的学习

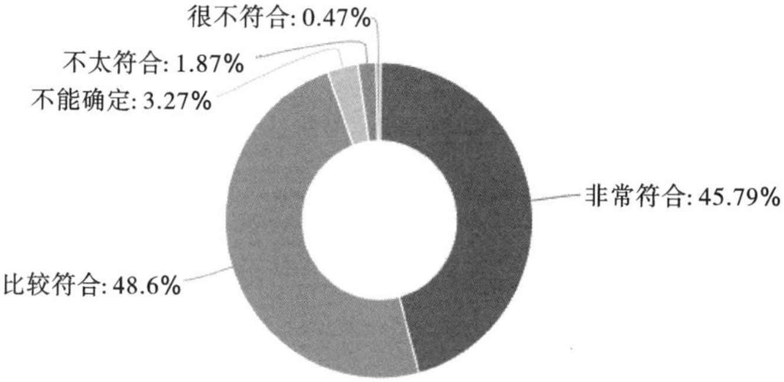

图 7　利用课堂教学方法改革促进学生有效学习的教师情况

在关于课堂教学方法改革的目的调查中，促进学生更加有效学习的教师占总被试教师的 94.39%，绝大多数教师进行改革的出发点是为了让学生可以更加有效地学习。授之以鱼不如授之以渔，学生作为学习的主体，在学习过程中有效的学习比无意义的“磨洋工”或不得法的学习无论是效率还是效果都大相径庭。

（3）激发学生的学习兴趣

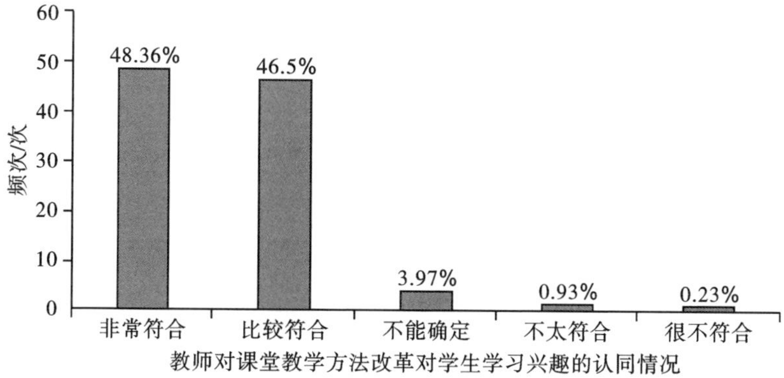

图 8　课堂教学方法改革的目的是激发学生的学习兴趣

在关于教师希望通过课堂教学方法改革来激发学生的学习兴趣的调查中，有94.86%的被试教师选择了“非常符合”与“比较符合”，即远超九成的被试教师希望通过课堂教学方法改革来激发学生个人的学习兴趣。兴趣是学生最好的教师，学生内发的学习动机比外在的激励更能调动学生学习的积极性，推动学生更加长远的发展。教师基于此在进行课堂教学方法改革过程中重视激发学生个人的学习兴趣进而激发学生的学习动机。

二、基于学生的调查结果与分析

1. 课堂教学方法改革的态度

(1) 学生改变个人学习方法状况

根据表10可知有319名（选择“非常符合”与“比较符合”学生总人数）被试学生并不会因为教师课堂教学方法改革而改变自己的学习方法，占总被试的49.85%；选择不能确定的被试学生有175名占总被试学生的27.34%；选择“不太符合”与“很不符合”的被试学生分别为127名与19名，即有146名被试学生认为会根据教师课堂教学方法的改变对自己的学习方法进行相应的改革，占总被试的22.81%。根据问卷统计结果可知，仅有两成的学生会根据教师课堂教学方法改变而改革自己的学习方法即较少部分学生会对自己的学习方法进行变动。出现这种现象一方面可以体现出学生个人对学习方法改进的研究较少，大多数学习方法都是出于长期学习的本能，很少对自身学习方法进行改进。

表10　改变个人学习方法状况

	非常符合	比较符合	不太确定	不太符合	很不符合
频次/次	57	262	175	127	19
频率	8.91%	40.94%	27.34%	19.84%	2.97%

(2) 对课堂教学方法改革的态度

根据表11可知有98名（选择“非常符合”与“比较符合”学生总

人数）被试学生不关心教师运用何种课堂教学方法开展教学活动，占被试学生的 15.31%；149 名被试学生对教师课堂教学方法改革的态度模糊，占总被试的 23.28%；有 393 名（选择“不太符合”与“很不符合”学生总数）被试学生非常关注教师课堂教学方法，占总被试学生的 61.41%。近四成学生对教师采用的课堂教学方法不甚关心，仅有六成左右的学生关注教师的课堂教学方法改革。

表 11　学生对课堂教学方法改革的态度

	非常符合	比较符合	不太确定	不太符合	很不符合
频次/次	21	77	149	291	102
频率	3.28%	12.03%	23.28%	45.47%	15.94%

图 9　学生不重视课堂教学方法改革原因词云图分布情况

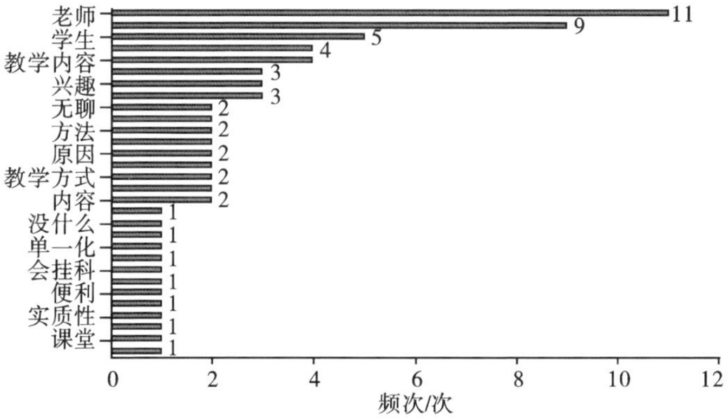

图 10　学生不重视课堂教学方法改革前十五名因素分布情况

在对学生不重视教师课堂教学方法改革原因的调查中可以发现有 42 名被试学生认为课堂教学方法改革的责任人是教师，与己无关，无论是教学内容、课程设置等学生都是遵从教师安排，自己可操作性范围有限，其次有 15 名被试认为教师课堂教学方法改革“换汤不换药”，跟改革前课堂教学方法变化不大，而且教师对课堂教学方法改革后的其余方面改革较少，难以改变整体情况，所以对教师的课堂教学方法改革不关心。

2. 课堂教学方法改革的结果

(1) 学生对课堂教学方法改革满意度情况

根据表 12 可知，在关于学生个人对教师课堂教学方法改革态度的调查中可以发现有 461 名被试学生对教师的课堂教学方法改革持满意态度，占总被试的 72.03%；而对教师课堂教学方法改革持中立或否定的学生共有 179 名（选择“不太确定”“不太符合”“很不符合”的被试学生），占总被试学生的 29.77%，近三成学生对课堂教学方法改革持不满意或否定态度。

表 12　课堂教学方法改革满意度情况

	非常符合	比较符合	不太确定	不太符合	很不符合
频次/次	72	389	146	29	4
频率	11.25%	60.78%	22.81%	4.53%	15.94%

（2）课堂教学方法改革后课堂逃课率情况

根据表 13 可知，教师课堂教学方法改革后课堂逃课率明显降低的被试学生有 429 名占被试学生的 67.03%；课堂教学方法改革后课堂逃课率没有明显变化的内饰学生有 211 名，占被试学生的 32.97%。有近三成学生认为教师课堂教学方法改革后课堂逃课率并没有降低或明显降低。

表 13　课堂教学方法改革后课堂逃课率

	非常符合	比较符合	不太确定	不太符合	很不符合
频次/次	109	320	149	55	7
频率	17.03%	50%	23.28%	8. 59%	1.09%

（3）课堂教学方法改革后课堂互动情况

根据表 14 可知，教师课堂教学方法改革后学生课堂互动频次增加的被试学生有 435 名，占总被试的 69.97%；课堂教学方法改革后学生课堂互动频次变化不明显或频次降低的被试学生有 205 名，占所有被试学生的 32.03%。近三成被试学生认为课堂教学方法改革后课堂互动频次变化不明显或互动减少。

表 14　课堂教学方法改革后课堂互动情况

	非常符合	比较符合	不太确定	不太符合	很不符合
频次/次	82	353	144	55	6
频率	12.81%	55.16%	22.5%	8.59%	0.94%

（4）课堂教学方法改革后多媒体使用情况

根据表 15 可知，认为课堂教学方法改革后教师使用多媒体明显增多的被试学生有 548 名，占总被试学生的 85.62%；而认为课堂教学方法改革后教师使用多媒体的没有增多或增加不明显的学生 92 名，占所有被试学生的 14.38%。

表 15　课堂教学方法改革后多媒体使用情况

	非常符合	比较符合	不太确定	不太符合	很不符合
频次/次	231	317	57	27	8
频率	36.09%	49.53%	8.91%	4.22%	1.25%

3. 课堂教学方法改革投入

(1) 多媒体教室数量变化情况

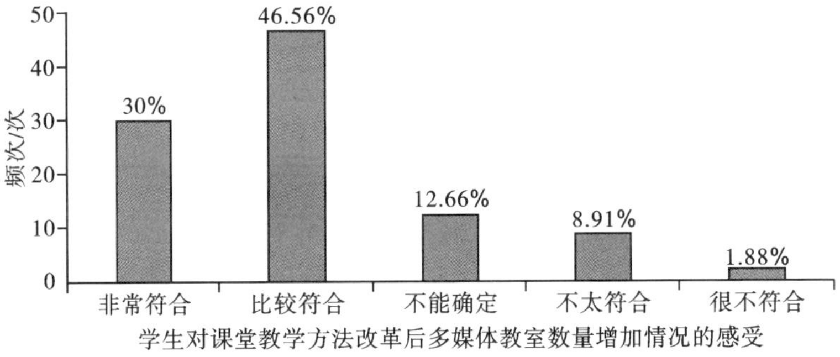

图 11　多媒体数量变化情况

课堂教学方法改革后，76.56%的被试学生认为教室里面多媒体数量明显增加；有 23.44%的被试学生认为课堂教学方法改革后有多媒体教室的数量变化不明显或者没有增加。教学硬件设备是开展现代化课堂教学方法的基础，没有相关教学设备很难进行系统的相关课堂教学方法改革。而当今在国家号召下，强调课堂教学方法现代化、国际化的背景下现代化的教学设备已然成为高校开展教学不可缺少的重要条件，所以在课堂教学方法改革过程中教学设备的装备率必然会得到提升。

(2) 教师经常关注课堂教学方法改革后学生的前后感受

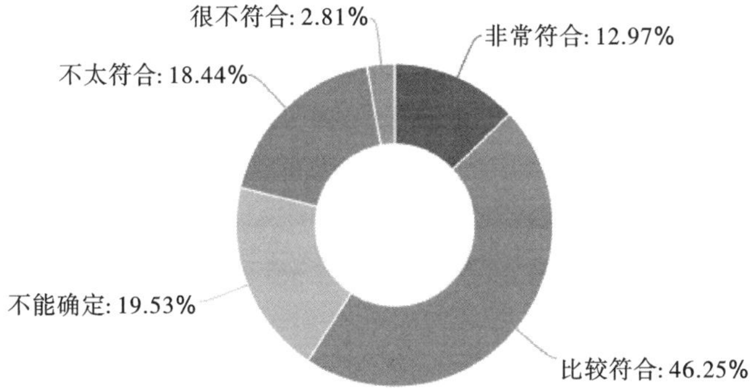

图 **12**　教师关注课堂教学方法改革前后学生的体验情况

由图 12 可知，教师课堂教学方法改革后，有 379 名被试学生认为教师关心改革前后学生的感受，占总被试学生的 59.22%；而有 261 名被试学生认为不能明显感受到课堂教学方法改革前后教师的关心。学生是教学中重要的构成部分，其教学体验直接影响教师教学活动的计划。学生关于课堂教学方法的前后对比体验是教师开展课堂教学方法改革的最直接的影响因素，学生的学习体验与反馈可以为教师的课堂教学方法改革提供直观建议，这也是教师关注课堂教学方法改革后学生的重要因素。

（3）学校关注课堂教学方法改革前后学生的感受情况

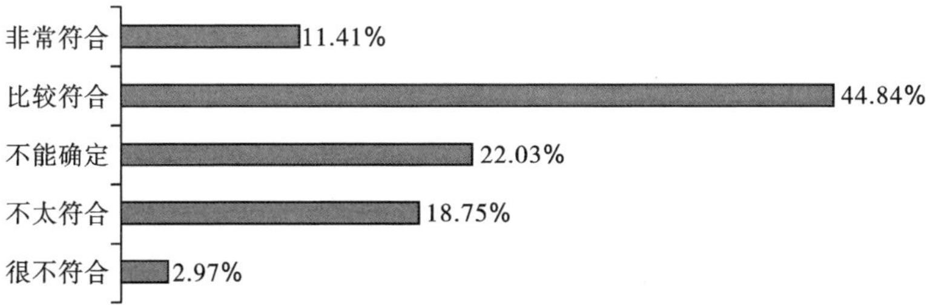

图 **13**　学校关注课堂教学方法改革前后学生的感受情况

根据图 13 可知，56.25%的被试学生认为学校关注教师课堂教学方法改革前后学生的感受，超四成的学生认为学校并不关心课堂教学方法改革前后学生的感受。在高校教学过程中，学生作为学习活动主体，对教学活动的优劣具有最直观的体验。而学校课堂教学方法改革开展情况与好坏，最直观的体现就是学生个人对教师开展课堂教学方法改革的体验与感受，所以学校关注学生个人对课堂教学方法改革的前后体验。

第三节　调查结论

归纳、提炼调查结果，根据地方普通本科高校课堂教学方法改革的调查结果，得到本次改革的结论。

一、课堂教学方法改革投入明显增加但成效不大

高等教育课堂教学方法改革投资产出收益主要是指在课堂教学方法改革的投资活动中，所获得的课堂教学方法改革成果与所投入资源消耗之间的一个比例关系，理想的高等教育课堂教学方法改革投入产出形式是低投入高产出；基本的高校课堂教学方法改革投入产出形式是高投入高产出、低投入低产出、不投入不产出。然而当下高校投入与产出不成比例。对于“您在课堂教学方法改革方面做了很多努力”这一问题，有19.16％的教师选择“非常符合”，62.38％的教师选择“比较符合”；而当问及“您的教学质量在您改革课堂教学方法之后有了明显提高”这一问题时，有3.79％的教师选择“很不符合”，有0.79％的教师选择“不太符合”；当问及“学生的到课率在您改革课堂教学方法之后有了明显提高”这一项时，有0.23％的教师选择“很不符合”，有4.67％的教师选择“不太符合”。这三组数据表明，广大教师在课堂教学方法改革上做了大量工作，付出了较多成本，但其改革的成效并不大。与之相应的是，面对“贵校在课堂教学方法改革方面的投入力度很大”这一问题时，有13. 27％的教师选择“非常符合”，48.23％的教师选择“比较符合”；而对于“贵校的课堂教学方法改革取得了明显的成效”这一问题，有67.25％的教师选择“很不符合”，有18.69％的教师选择“不太符合”。由这两组数据可以看出，高校普遍关注课堂教学方法的改革，

且在课堂教学方法改革上投入较多，不过，迄今仍旧没有获得满意的成效。从学生方面的调查数据看，当问及“你对老师改革后的课堂教学方法很满意”“老师改革课堂教学方法之后，同学们的逃课率明显减低了”及“老师改革课堂教学方法之后，同学们更愿意主动参与课堂互动了”这三项时，选择“很不符合”和“不太符合”的学生人数分别占学生总数的 90.22％、95.06％及 75.78％。由此再次表明，教师改革课堂教学方法之后，并未带来明显的成效。

二、课堂教学方法改革实践形式有余而实质不足

课堂教学方法改革需要有计划、有目的、有序地推进开展，在这个过程中需要学校管理层进行科学的“顶层设计”，有计划地推动课堂教学方法改革的进行。但是在现实的调查情况中，学校对课堂教学方法改革仅仅停留在口号上，虽然学校多次在会议上强调课堂教学的重要性，多次号召学校教师进行课堂教学方法改革，但是到目前为止学校并未出台任何关于课堂教学方法改革的具体管理措施或奖惩方案，而且对于一些改革成功的案例学校也没有进行经验的总结与推广。

汪老师：学校虽然多次强调要进行课堂教学方法改革，但是学校却一直没有具体相应方案安排，最终课堂教学方法改革就变成教师自己个人的行为了。

学校虽然为学方法改革付出较多，但是大多流于形式。

教育原理表明：教学有法而无定法，重在得法。改革课堂教学方法不能为了改革而改革，应在抓住多种类型（类别）课堂教学方法精髓的基础上运用好相应的课堂教学方法，不能徒有其形而无其神。从教师方面的调查数据看，对于“贵校经常开展课堂教学方法改革评比活动”和“贵校定期召开课堂教学方法改革研讨会”这两个问题，选择“非常符合”和“比较符合”两项的人数占总数的比例分别为 12.62％和 43.93％，占所有被试教师近六成。这二组数据表明，学校十分希望通过课堂教学方法改革评比活动促进广大教师积极改革课堂教学方法，但对课堂教学方法改革的实效缺乏必要的总结。从管理层面讲，举办课堂教学

方法改革评比活动非常必要，但这样的评比活动所涉及的教师人数毕竟太少，而且频繁举办还可能带来一些消极影响（比如，浪费人、财、物、时或被讥讽为“选秀”等），尤其是，缺乏定期的课堂教学方法改革研讨，就难以促进广大教师及时总结课堂教学方法改革的成败并从中吸取相应的经验与教训。可见，对于教师的课堂教学方法改革，学校在形式上做得比较多，但在实质上做得明显不够；当问及“您注重比较课堂教学方法改革前后的教学质量”及“您很留意学生是更喜欢多媒体教学还是更喜欢传统手段（粉笔＋黑板）教学”两个问题时，选择“不太符合”和“很不符合”两项的人数占总数的比例分别为59.22％和73.59％。这两组数据说明，注重课堂教学方法改革实际成效的教师人数并不多，换言之，大部分教师更关心课堂教学方法改革的形式而不是课堂教学方法改革的实质。调查学生的结果显示：对于“你上课的教室中，有多媒体设备的教室数量明显增加了”和“你的老师中运用多媒体手段进行教学的人数明显增多了”这两个问题，选择“非常符合”和“比较符合”两项的人数占总数的比例分别为76.56％、和78.59％，而对于“老师经常询问你的班上同学有关课堂教学方法改革前后的感受”和“学校经常询问你们有关任课教师改革课堂教学方法前后的感受”这两个问题，选择“不太符合”和“很不符合”两项的人数占总数的比例分别高达21.25％、21.72％人。这四组数据表明，无论是学校还是教师，都已关注过课堂教学方法改革问题，但两者在实质上关注得均不够。此外，当问及学生“你不关心老师运用何种课堂教学方法开展教学活动的第一位原因是什么?”的问题中，尽管学生们的回答不尽一致，但有超一半的学生的回答大意是“老师的课堂教学方法改革如同换汤不换药”。这一数据亦表明高校课堂教学方法改革往往流于形式。

三、教师多有课堂教学方法改革尝试但坚持不够

改革课堂教学方法绝非轻易放弃当下某种课堂教学方法而简单克隆或移植其他某种现存的课堂教学方法，而是在全面审视当下某种课堂教学方法之缺陷或不足的基础上，通过精心借鉴或吸纳其他课堂教学方法

的优势，发展出一种适合校情和学情（学生的具体实情）的新课堂教学方法。显然，课堂教学方法改革并非一蹴而就，其成功离不开坚持。遗憾的是，目前能够坚持不懈开展课堂教学方法改革的教师并不多。（统计教师问卷发现，对于"您是否开展过课堂教学方法改革"和"您是否有过一次放弃课堂教学方法改革的经历?"这两个提问，回答"是"的人数占总数的比例分别是 98.56%和 84.98%。）统计教师问卷发现，超四成（40.64%）的被试教师在课堂教学方法改革过程中存在放弃课堂教学方法改革的行为。可见，尽管绝大多数教师开展过课堂教学方法改革，但能够坚持改革课堂教学方法的人数并不多；类似地，当问及"您会千方百计克服课堂教学方法改革中遭遇的各种挫折"和"当您的课堂教学方法改革没有带来令您满意的成效时，您通常会淡化课堂教学方法改革意识"这两个问题时，选择"非常符合"和"比较符合"两个选项的人数占总数的比例分别为 7.01%、33.64%。由此可见，不少教师一旦在课堂教学方法改革过程中遇到挫折，便产生放弃改革课堂教学方法的念头或干脆放弃改革课堂教学方法。

"方法是认识的工具。"① 课堂教学方法是教学领域中的一种认识工具。正是通过课堂教学方法这种工具，教师和学生才得以在一起共同以教学内容为认识对象展开教学活动。站在教师的视角看，课堂教学方法改革即是教师从运用某种传统的或熟悉的教学工具变换为运用某种现代的或生疏的教学工具。显然，教师要想顺利或成功运用某种现代的或生疏的教学工具，必先愿意不惜代价掌握有关这种教学工具的知识与技能。换言之，教师想要顺利或成功地改革课堂教学方法，必先愿意不惜代价掌握有关某种现代的或生疏的课堂教学方法的知识与技能。从伦理学的角度讲，为了学生的最佳发展，教师理应主动改革课堂教学方法，无意或不愿意不惜代价进行课堂教学方法改革的教师均是师德偏低的教师。毋庸争辩，无论是师德偏低的教师，还是缺乏有关课堂教学方法知识与技能的教师，都是素质偏低的教师。教师是教学的关键主体，其综

① 黑格尔. 逻辑学（下卷）[M]. 北京：商务印书馆，1976：532.

合素质偏低显然难以带来良好的教学成效。不难推断，如果教师缺乏有关课堂教学方法的知识与技能，或者无意或不愿不惜代价改革课堂教学方法，则课堂教学方法改革的局面自然不尽如人意。当下高校课堂教学方法改革之所以出现“成本不小但成效不大、形式有余而实质不足及放弃者多而坚持者少”等不良现状，其主要原因之一便是教师综合素质偏低。(比如，从问卷统计结果看，当问及教师“您放弃课堂教学方法改革的第一位原因是什么?”这一问题时，14.86％的教师的回答大意是“没有能力驾驭新的课堂教学方法”，18.85％的教师的回答大意是“改革课堂教学方法需要付出太多精力”，29.87％的教师的回答大意是“改不改革课堂教学方法与自己在高校的发展关系不大”，7.35％的教师的回答大意是“师生关系疏远导致无心改革课堂教学方法”，尽管还有其他多种回答，但作出以上四种回答的教师人数却高达总数的70.93％)。大多数教师认为科研压力、教学任务、学生配合度等因素是影响教师坚持课堂教学方法改革的重要因素。又如，当问及教师“您认为您的课堂教学方法改革并未取得令您满意的成效的第一位原因是什么?”这一问题时，32.91％的教师坦言是因为自己还未完全掌握新的课堂教学方法；此外，上文已经提过，当问及学生“你不关心老师运用何种课堂教学方法开展教学活动的第一位原因是什么?”有67.25％的学生认为“老师的课堂教学方法改革如同换汤不换药”。这些回答均体现了教师的课堂教学方法知识与技能（能力）相对缺乏，“改革课堂教学方法需要付出太多精力”“改不改革课堂教学方法与自己在高校的发展关系不大”及“师生关系疏远导致无心改革课堂教学方法”这三种答案体现了教师具有较强的功利性，说明其师德相对偏低。

从管理学的角度看，人具有主观能动性，先进的管理体制可以促发生该体制内的人的相应行为，而滞后的管理体制可以阻碍该体制内的人的相应行为。毋庸置疑，高校教师和大学生是高校管理体制内的人，其行为必然受到高校管理体制的影响。具体来说，先进的管理体制能够促发教师和学生的行为，滞后的管理体制能够阻碍教师和学生的行为。不难推断，高校教师和大学生在课堂教学方法改革方面的行为与高校教学管理体制密切相关，如果相应的教学管理体制滞后，则教师和学生在课堂教学方法改革方面的行为都会受到不同程度的消极影响，从而使得高校课堂教学方法改革不良。调研表明，高校滞后的教学管理体制是导致高校课堂教学方法改革呈现不良现状的主要原因之一。比如，上文已经提及，当问及教师“您放弃课堂教学方法改革的第一位原因主要是什么”这一问题时，29.87%的教师的回答大意是“改不改革课堂教学方法与自己在高校的发展关系不大”。这一回答其实不难理解。从当下高校考核教师的制度看，绝大多数高校对教师的考核主要是教学工作量和科研的考核，对教学质量、教学水平的考核比较弱[①]。尤其是，从当下高校各类评优、升迁及晋职看，教师的教学表现在其中的分量微不足道甚至可以忽略不计。正因如此，使得不少教师对改革课堂教学方法毫无热情。显然，轻视或忽视教师教学成就的滞后管理体制，自然容易促发教师在课堂教学方法改革方面的消极行为。再如，对于“您认为您的课堂教学方法改革并未取得令您满意的成效的第一位原因是什么”这一问题，28.12%的教师回答的大意是“当下大学生混学分的现象十分明显，很少有学生真正配合教师的课堂教学方法改革”。教师的课堂教学方法改革一旦缺少学生的配合，则其成效就会大打折扣。原因在于：课堂教学方法是教师帮助和指导学生学习的方法，教师的教法最终要靠学生的学法起作用，一旦学生有了混学分的念头，就会无心或无意领悟教师的良苦用心，最终必然导致课堂教学方法改革成效降低。尽管导致大学生混学分的原因很多，但高校现行的学分制不够完善必是主因之一。

教学物质条件泛指开展教学活动所需要的一切人力、物力与财力，包括师资队伍、教学设施与设备、图书设施与设备、实验设施与设备、实习基地以及必要的教学经费等。“巧妇难为无米之炊。”课堂教学方法改革作为一种客观实践活动，必定有其赖以存在的物质条件。即是说，一旦缺乏必要的物质条件，课堂教学方法改革便难以实施。试想：在一

---

① 别敦荣. 高校课堂教学方法创新与提高高等教育质量［J］. 清华大学教育研究，2009(04)：95-101.

个200人的课堂上，教师能够充分运用小组讨论式教学法吗？在一个缺乏多媒体的教室里，教师能不运用“粉笔＋黑板＋嘴巴”的教学方式讲课吗？在一个缺乏教学基地的高校，教师能不在“黑板上开机器”吗？在一个缺乏实验条件的高校里，教师能够正常上实验课吗？在一个缺乏经费的高校里，有条件开设教学创新实验班吗？……在高等教育普及的今天，高校学生人数大幅增加，结果导致高校师资、教学设施与设备、图书设施与设备、实验设施与设备及教学经费等教学物质条件明显不足。毋庸置疑，这样的现实必然会不同程度地消解教师改革课堂教学方法的积极性，亦必然会不同程度地阻碍课堂教学方法改革的推进。调查统计的结果也证实了这一点。比如：面对问卷中“您放弃课堂教学方法改革的第一位原因是什么”这一问题，52.24％的教师回答的大意是“学校缺乏课堂教学方法改革所必需的物质条件”；而问及“您认为您的课堂教学方法改革并未取得令您满意的成效的第一位原因是什么”这一问题时，56.87％的教师回答的大意是“缺乏必要的物质条件”。从这两组数据不难看出，高校教学物质条件的缺乏，既能促发教师放弃课堂教学方法改革，又能降低课堂教学方法改革的成效。

四、师生对课堂教学方法改革的成效满意度不高

从本质上讲，“课堂教学方法是教师指导和帮助学生学习的方法，即教师教学生学习的方法。”[①] 显然，教师改革教法的根本目的应该是找到更适合学生的学法，从而更大程度地增进学生的学习兴趣并提高学生的学习成效。不言而喻，对于任何一种课堂教学方法来说，只有相应的教法和学法彼此和谐，才能最大限度地促进学生的学习活动。显然，如果教师一厢情愿地改革课堂教学方法，则很容易事与愿违。从当下高校课堂教学方法改革的现状看，不少教师在课堂教学方法改革上可谓用心良苦，而太多学生却无意配合。调查教师的结果显示：对于“您改革课堂教学方法的出发点是为了促进您的学生更有效地学习”

---

① 徐继存．课堂教学方法阐释［J］．西南师范大学学报（社会科学版），2002（6）：58-62．

和“您非常希望通过改革课堂教学方法来增进学生的学习兴趣”这两个问题，回答“非常符合”和“比较符合”的教师人数占教师总数的比例分别为94.39%和94.86%；而调查学生的结果显示：问及“你不会因为老师教法的改变而改变你自己的学习方法”和“你从不关心老师运用何种课堂教学方法开展教学活动”这两个问题时，选择“非常符合”和“比较符合”的学生人数占学生总数的比例居然分别达到23.17%和15.31%。

功利性的学习动机必然引发功利性的学习行为。毋庸讳言，当下大学生混学分的现象十分普遍，其学习行为的功利性十分凸显。比如，不少学生极少花时间学习除专业课以外的课程，逃课或消极上课的现象时常发生，甚至许多学生在专业课上的表现亦是如此。对于这些学生来说，他们除了出于凑齐学分的原因而不得不勉强应付某些科目的“必要”考试外，几乎将其余学习时间用在“考级”（全国大学生英语级别考试）、“考碗”（报考各级各类公务员）、“考研”（报考研究生）及“拿证”（驾照、出国英语水平证书及其他各种职业资格证书）等方面。这些学生根本不会真心关心老师怎样讲课，他们真正关心的是如何能够轻易从老师那里获取学分，而不是从老师那里获取学力。试想：这样的学生会花时间和精力探索或讨论原理性的知识问题吗？这样的学生会配合教师改革课堂教学方法吗？而面对这样的学生，教师的课堂教学方法改革能够取得满意的成效吗？面对这样的学生，教师还愿意继续在课堂教学方法改革方面做出努力吗？调研再次证明了这一点。比如，当问及教师“您放弃课堂教学方法改革的第一位原因是什么”时，有26.36%的教师回答的大意是“注重课程知识学习的学生数量太少而持有混学分心态的学生数量太多，改革课堂教学方法意义不大”；又如，上文已经提到，当问及教师“您认为您的课堂教学方法改革并未取得令您满意的成效的第一位原因是什么”这一问题时，28.12%的教师回答的大意是“当下大学生混学分的现象十分明显，很少有学生真正配合教师的课堂教学方法改革”；再如，当问及学生“你不关心老师运用何种课堂教学方法开展教学活动的第一位原因是什么”这一问题时，有67.25%的学生回答的大意是“除了‘考研’、‘考碗’、‘考级’及‘拿证’等课程外，其它课程的学习成效不好也没关系，只要老师给学分即可”。由此不难推断，一旦学生的学习动机过于功利，即使学校和教师在课堂教学方法改革上投入较大成本，也难以获取相应成效；一旦学生的学习动机过于功利，即使教师不放弃课堂教学方法改革，其课堂教学方法改革要么成效难以保证，要么常常流于形式；一旦学生的学习动机过于功利，即使教师明知改革课堂教学方法至关重要，也易产生放弃课堂教学方法改革的念头或行为；一旦学生的学习动机过于功利，即使教师大张旗鼓地进行课堂教学方法改革，学生通常也只是假意配合课堂教学方法改革而已。

第三章　障碍分析：地方普通本科高校课堂教学方法改革的问题窥探

课堂是实施教育教学的主渠道，课堂教学改革是提高教育教学质量的突破口。基于上述实证调查的结果，立足高等教育高质量发展视角，从打造“金课”的立场出发，窥探当下地方普通本科高校教学方法改革中存在的问题，明晰不利于相应改革的系列障碍，是本章的重点。

第一节　课堂教学管理上的问题及分析

高校课堂教学管理是指，为保证课堂教学成效，高校教务部门管理人员在一定管理理念的指导下，通过相应的管理体制对课堂教学进行管理的活动。从地方普通本科高校教学方法改革的现实看，其暴露出来的首要问题体现于课堂教学管理层面。具体情况如下。

一、课堂教学管理理念先进性不够

理念是行为的先导，不同理念指导下的行为结果通常有别，先进理念指导下的行为结果往往更令人满意。从地方普通本科高校教学方法改革的现实局面看，因其课堂教学管理理念的更新步伐尚未跟上现代课堂教学理念的更新步伐，因而使其在课堂教学方法改革的管理实践中的指导作用不够甚至缺失。现代教学论认为，课堂教学具有一定程度的生成性，作为确保课堂教学成效的课堂教学管理无疑理应具有相应程度的灵活性。然而，在调查中发现，不少地方普通本科高校教务部门在课堂教学管理实践中缺乏必要的灵活性，习惯按既定管理思路与机制管理不同学科、不同专业、不同课程教师的课堂教学实践。比如，为加强实践教学，进一步增进大学生的专业能力，不少地方普通本科高校教务部门一刀切式地要求压缩各类学科各个专业各门课程的课堂教学课时，且通过多种形式检查广大教师的课堂教学进度，尤其是，在每个学期末时让全校所有学生拿着同样一份所谓的“评教量表”去评定本学期中全体教师任教的那些原本具有不同性质、不同类型、不同属性、不同难度的全部课程的课堂教学状况，并基于学生评教的结果对教师课堂教学的情况进行排名。毋庸争辩，这种忽视学科差异、专业差异、课程差异而一刀切式压缩全部理论课程的课时及学生“评教”的做法，明显极大地限制或导引着广大教师对待课堂教学的态度并影响着广大教师的课堂教学行为，直接或间接地羁绊着广大高校教师致力于课堂教学方法改革。其主要原因在于，一方面，不少地方普通本科高校的教务管理者普遍对于教育学尤其是高等教育学的理论知悉得较少，有些甚至几乎全然不知，对于高校课堂教学原理与方法更是知之甚少，尤其是，其中极少人有高校课堂教学的亲身经历，他们对于高校课堂教学的特点了解极少，在课堂教学管理实践中，通常只是按照本校或兄弟高校课堂教学管理的相关经验办事，罕见主动研修高校课堂教学管理理念，这显然难以跟上现代高校课堂教学管理理念的更新步伐；另一方面，不少地方普通本科高校的校领导及教务管理领导忽视了课堂教学管理理念在指导课堂教学管理实践中的重要价值，迄今罕见高校定期或不定期地组织教务管理者开展有关课堂教学管理的系统培训，且对于诸多教务管理者来说，他们认为只要按照领导的“意思”或既定的规章制度与管理办法办事即可，认为即使自己具有先进的课堂教学管理理念，但在课堂教学管理实践中也还是不得不按照相关“领导”或自己的“顶头上司”的“吩咐”或“交代”办事，进而认为自己学习先进的课堂教学管理理念的意义并不大，如此一来，其自然难以具有与时俱进的课堂教学管理理念。

二、课堂教学管理队伍专业性不够

课堂教学管理队伍即高校中负责管理课堂教学的人员，此处主要指各地方普通本科高校教务部门中负责管理课堂教学的人员。课堂教学本是一项专业性极强的活动，作为课堂教学管理者，尤其是从事课堂教学管理的主要领导，本应具有与之相应的专业性，即是说，他们理应在一定程度上知晓最新的课堂教学理论并熟悉当下的课堂教学实践。遗憾的是，在调查中发现，诸多地方普通本科高校教务管理部门中从事课堂教学管理的主要领导及其他工作人员不仅从未在高校从事过“专技岗”教师的教学工作，而且从未接受过有关高校课堂教学管理的系统培训，俨然是“外行管内行”的做法。众所周知，对于专业性的事情来说，还是由专业的人来做更好。毋庸置疑，对于课堂教学之类专业性极强的活动来说，不仅课堂教学的实施者需要具有相应的专业性，而且课堂教学的管理者同样需要具有与之相应的专业性，只有课堂教学管理者具有一定的专业性，才能真正胜任课堂教学管理。事实上，在我国目前广大地方普通本科高校中，由于从事课堂教学管理的人员大多并非毕业于教育学类专业尤其是并非毕业于高等教育学专业，因而其明显不够熟悉高校课堂教学管理原理与方法，在课堂教学管理上必然缺乏必要的专业性，为此，在课堂教学管理实践中，他们通常按照本校或借鉴兄弟高校昔日课堂教学管理的惯常“套路”管理本校当下的课堂教学活动，尤其是，为方便管理且不至于使其管理工作出现明显的差错或纰漏，地方普通本科高校的课堂教学管理者还习惯运用模式化思维管理千差万别的鲜活课堂，极大地阻碍了广大教师改革课堂教学，尤其是改革课堂教学方法的主动性与积极性。

三、课堂教学管理体制合理性不够

课堂教学管理体制是指高校为保证课堂教学顺利进行而建立的与之相应的组织体系和规章制度的总称。立足管理学的视角不难推断，合理的课堂教学管理体制既是保障课堂教学活动得以顺利实施的必要条件，也是保障课堂教学活动得以改革创新的必要条件。从当前我国地方普通本科高校的现实情况看，其课堂教学管理体制明显存在不够合理的地方。比如，就组织体系而言，在各地方普通本科高校中，其校级教务部门虽然大多是本校行政机构中最大的一个管理部门，但专门负责课堂教学管理的人相对很少，甚至不少高校教务部门将课堂教学管理的一揽子事务放在其下设的“教务科”，仅将课堂教学管理作为“教务科”众多事务中的一项管理工作而已。众所周知，教学是高校的第一职能，课堂教学是高校实施教学的最基本、最重要、最主要的形式，当前高校教务部门的组织体系中并未凸显课堂教学管理重要价值的现实局面显然不利于保障课堂教学管理的成效，更不利于有效监督、引导与激励广大教师开展教学改革及教学方法的改革；拿规章制度来说，在研制期间，教务部门本应在充分听取全校广大师生的意见与建议的基础上组织相关专家进行系统论证，在实施期间，教务部门本应坚持必要的原则性与适度的灵活性相结合，可现实是，罕见有高校教务部门出台有关课堂教学管理的规章制度之前确确实实广泛收集过全校广大师生的意见与建议，更罕见有高校教务部门确确实实组织专家系统论证过有关课堂教学管理规章制度的时效性、适切性与操作性，尤其是，不少高校教务部门在课堂教学管理上习惯机械地固守有关规章制度的条款，“一刀切”式或“模式化”式地管理全校原本具有不同学科属性、不同专业特点、不同课程性质的课堂教学，显然不利于广大教师创新课堂教学与积极主动地改革课堂教学方法。

第二节　课堂教学方法改革管理上的问题及分析

方法既是认识的工具，又是实践的工具，科学合理的好方法不仅能够体现事物运动与发展的规律，而且能够有助于人们认识事物运动与发展的规律，还能够有助于人们促进事物运动与发展。显然，课堂教学方法作为认识与改造课堂教学的工具，理应得到科学合理的运用，教师实施的课堂教学方法改革行为活动理应得到科学合理的管理。调研结果表明，迄今为止，我国地方普通本科高校在课堂教学方法改革管理上普遍存在着以下三大现实问题。

一、课堂教学方法改革的认识程度不足

毋庸置疑，课堂教学是高校培养人才的中心环节与主要渠道，历来是各高校关注的重点，地方普通本科高校作为大众化高等教育及普及化高等教育的主要场所，一直以来更是相当重视课堂教学这一事关学校自身地位、价值与意义的活动。调查数据显示，在"金课"建设及教育高质量发展背景下，为提高课堂教学质量，增进课程教学成效，各地方普通本科高校普遍加大了课堂教学改革的力度。不过，众多地方普通本科高校教务部门领导习惯将课堂教学改革视为课堂教学内容与课堂教学手段及课堂教学形式的改革，在他们看来，课堂教学方法体现于课堂教学手段及课堂教学形式之中，课堂教学方法改革自然也就蕴含于课堂教学手段及课堂教学形式之中，在他们的认知视野里，大多以为只要管理好了课堂教学手段与课堂教学形式的改革事务，就理应管理好了或者基本上管理好了课堂教学方法的改革事务，因而在课堂教学方法改革这一专业性相对很强并理应主要甚至全部由专业性教师主导的事务上，他们自然而然就极少单独关注专业性相对很强的课堂教学方法改革事务。就学理而言，课堂教学方法与课堂教学手段及课堂教学形式之间虽然存在千丝万缕的联系，但前者的含义是指"关于解决思想、说话、行动等问题的门路、程序等"①，其涵盖的内容相对抽象，远远不是包含于课堂教学手段与课堂教学形式之中，由此可见，管理好了课堂教学手段及课堂教学形式并非就一定能够管理好课堂教学方法改革，只有深化对课堂教学方法改革的认识程度，才能在课堂教学改革管理中凸显课堂教学方法改革管理，从而才能增进课堂教学方法改革管理成效，进而才能有效督导并激励广大教师积极主动课堂教学方法改革。

---

① 中国社会科学院语言研究所词典编辑室．现代汉语词典（2002 年增补本）［M］．北京：商务印书馆，2016：365.

二、课堂教学方法改革的配套管理不足

课堂教学方法改革的配套管理是指，与课堂教学方法改革密切相关并明显影响课堂教学方法改革成效的一系列管理。对于地方普通本科高校教务管理部门来说，课堂教学方法改革的配套管理主要包括部分课程的考试改革管理、部分课程合班上课的人数管理、教师开展课堂教学方法改革的目标与形式管理、对教师开展课堂教学方法改革的成效及其奖惩办法的管理、关于师生对课堂教学方法改革的态度与满意度管理、对有关课堂教学方法改革使用经费的管理等。从调查结果看，目前，地方普通本科高校在课堂教学方法改革的配套管理上普遍明显不够完善。比如，在部分课程的考试改革管理上，不少高校缺乏系统的管理机制，大多只是对相关课程的考试改革之申请材料进行审批，且有关审批的依据通常也缺乏充分而系统的论证，尤其是，有关审批依据更没有在全校范围内公示；对于一些合班上课的课程，罕见有高校进行系统的论证，具体表现是，既缺乏对某门课程是否应该合班上课进行论证，又缺乏对其合班上课的人数上限进行论证，更缺乏对合班上课的效果与分班上课的效果进行比较分析，其通常的做法是，专业必修课程和专业必选课程是否合班及合班上课的人数（班级数）由任课教师决定，而公共必修课和公共选修课是否合班上课及合班上课的人数（班级数）则鲜有高校实实在在征求过任课教师的意见与建议；对于教师开展课堂教学方法改革的目标与形式，几乎没有哪所高校组织过相关专家展开过探讨，甚至不少高校根本没有对此加以关注；对于课堂教学方法改革的成效及其奖惩办法，极少有高校专门讨论过这个议题；关于师生对课堂教学方法改革的态度与满意度这一问题，更是罕见有高校进行过专门调研；对于有关课堂教学方法改革的使用经费，迄今尚未发现有哪所高校单列支出，大多数高校仅列有一个“教学改革”经费栏目而已。毋庸争辩，缺失上述任何一项配套管理，都会使得教师在开展课堂教学方法改革之时缺少明确的督导与有效的激励，都会明显不利于课堂教学方法改革的推进与引导。

三、课堂教学方法改革的经费投入不足

从哲学的视角看，经费投入是经济基础，课堂教学方法改革是上层建筑，课堂教学方法改革的顺利实施理应有足够的经费支持，缺乏经费支持的课堂教学方法改革必然难以带来令人满意的成效，足够的经费投入必然是课堂教学方法改革顺利进行的基本条件。目前，随着“金课”建设的推进、课程思政理念的深入、高等教育高质量发展的践行，各地方普通本科高校用于课堂教学改革的经费相对增多。然而，从各地方普通本科高校课堂教学改革的现实看，这些经费大多用于课堂教学手段改革及教学研究项目开支，比如改善教室的多媒体教学设备，在教室安装空调及饮水机，增设教学研究项目或增加教学研究项目的经费，改进实验室及网络在线的课堂教学条件等，罕见有单列经费专门用于课堂教学方法改革。在不少地方普通本科高校的有关管理者看来，似乎没有必要为课堂教学方法改革单列经费，其主要理由有：一是认为课堂教学方法改革只不过是教师改革课堂教学的方法而已，无论是什么样的课程，教师在课堂上必然会选用一定的教学方法展开教学活动，迄今尚无有关选用某一种课堂教学方法上课比另一种课堂教学方法上课需要更多经费投入的明确说法或公认观点；二是认为课堂教学方法改革是课堂教学改革甚至是教学改革的一部分，很难从经济学的角度核算其在课堂教学改革或教学改革中的占比大小，难以为其单列经费；三是认为课堂教学方法改革包含于课堂教学改革乃至教学改革之中，投入课堂教学改革或教学改革的经费理当可以用于课堂教学方法改革，为课堂教学方法改革单列经费的意义不大甚至毫无实际意义。本书认为，课堂教学方法是构成课堂教学乃至教学的核心要素，课堂教学方法改革在课堂教学改革乃至教学改革中占有至关重要的位置，没有课堂教学方法改革的课堂教学改革及教学改革是不完整的改革或成效十分有限的改革，专门为课堂教学方法改革单列经费并实质性投入的首要目的是凸显课堂教学方法改革在课堂教学改革乃至整个教学改革中不可或缺的重要地位，以之提醒、导引并激励广大教师积极主动开展课堂教学方法改革，进而促进“金课”建

设并深度推进课堂教学高质量发展。教师是课堂教学改革的践行主体，是课堂教学方法改革的主导者，他们既可以成为课堂教学方法改革的推动者，也可以成为课堂教学方法改革的阻碍者，专门单列课堂教学方法改革经费并实质性投入，既可以有效激励广大教师深度感知课堂教学方法改革的必要性与紧迫性，又可以有效增进广大教师积极践行课堂教学方法改革的行为，显然，为了进一步促进“金课”建设，进一步促进课堂教学质量提升乃至教学高质量发展，给予课堂教学方法改革足够的经费投入实属必要。

第三节 课堂教学方法改革师资上的问题及分析

“教学有法、但无定法、贵在得法”，这既是一句哲理性极强的教育名言，也是一句指导性极强的实践智慧。对于广大教师来说，选用一定的教学方法是其正式进行课堂教学之前必然优先思考的内容之一，通过改革教学方法来提高课堂教学质量是其在课堂教学实践中惯用的策略，地方普通本科高校教师亦不例外。课堂教学方法改革师资泛指，地方普通本科高校中有意改革课堂教学、正在改革课堂教学、业已改革课堂教学方法的广大专任教师。目前，地方普通本科高校课堂教学方法改革师资上的问题聚焦于以下三个方面。

一、课堂教学方法改革创新动机不强

课堂教学方法改革创新动机泛指，为提高课堂教学成效与质量，教师在认识课堂教学方法及其改革的价值与意义之基础上，主动通过改革手段与方式创新课堂教学方法的内在动力。当前，在倡导创新创业教育、“金课”建设及教育高质量发展的背景下，意欲参与、正在参与及业已参与课堂教学方法改革的地方普通本科高校教师的人数越来越多，但不少教师因对课堂教学方法及其改革的重要价值与意义认识不够深刻而缺乏主动对课堂教学方法进行改革创新的足够动机。即是说，在课堂教学方法改革上，不少教师要么是因外在多种因素或形势所迫而功利性

地践行课堂教学方法改革，要么是出于某种主观上的功利性需要或功利性目的而自主践行课堂教学方法改革，真正基于提高课堂教学成效与质量之需而积极主动地花费大量时间与精力创新课堂教学方法的教师实在有限。究其原因主要有二：其一，在高等教育普及化的当今时代，各地方普通本科高校均承担着本科生扩招的历史重任，且各高校本科生人数的扩大比例远远大于教师人数的增长比例，使得生师比明显扩大乃至明显超出公认的合格师生比，进而使得不少地方普通本科高校教师的课程教学任务增加明显，从而使得他们缺乏课堂教学方法改革创新的足够时间与精力；其二，在当前高等教育的重要地位日渐凸显并日益走向社会中心的创新时代，科学研究成为高校的第二大职能，因而在有关高校的评价体系中，科学研究状况随之成为其中不可或缺的重要指标，从目前情况看，无论是学科与声誉排名，还是专业与教学评估，抑或是学位点与项目申报等，科学研究状况在其中都占有相当大的比重，在相应评比中具有举足轻重的作用。显然，为了通过在相关评比中获得一个好的结果而有益于自身发展，各地方普通本科高校必然会相当重视科学研究，尤其是，在人才培养状况的诸多方面因是软指标或难以量化但科学研究状况的诸多方面因是硬指标或较易量化的评价局面下，科学研究状况指标比人才培养状况指标在很多重要评价体系中显得更为关键，从而使得各地方普通本科高校在某种程度上“心照不宣”地出现“重科研轻教学”的倾向。为了产出数量更多、质量更优的科学研究成果，各地方普通本科高校随之通过职称评定及评先评优等手段竞相催促教师开展科学研究。同样地，对于广大教师来说，由于在职称评定及评先评优等竞争性评比过程中，教学（人才培养）方面的指标相对较软而科研（科学研究）方面的指标相对较硬，科研方面表现相对较好的教师通常占有竞争优势，因而使得“重科研轻教学”的功利性心态与行为在地方普通本科高校教师群体中广泛存在，进而使得他们不愿甚至不屑用心践行课堂教学方法改革创新。

二、课堂教学方法改革创新精神不强

课堂教学方法改革创新精神是指，为了改进课堂教学成效与质量，教师甘于非功利性地克服有关困难与障碍而积极主动地坚持课堂教学方法改革创新的坚韧性精神面貌。从调研结果看，地方普通本科高校教师在课堂教学方法改革创新中普遍缺乏这种坚韧性精神面貌。比如，前文已述，在地方普通本科高校中，尽管尝试改革与创新课堂教学方法的教师甚多，但能够真正坚持下去的教师却不多。其主要原因有三：其一，对于地方普通本科高校来说，因多种原因引发的“重科研轻教学”现象广泛存在且难以回避是一个毋庸争辩的事实，面对课堂教学方法改革创新这样一项在诸多考评领域占比极小甚至不占丝毫比率的教学改革活动来说，显然会只有极少教师甘愿主动持久地付出相应的时间与精力；其二，教学系统是一种涵盖多个子系统的复杂系统，课堂教学活动是一类十分复杂的活动，课堂教学改革是一项看似简单实则难度极高的类似系统工程的创新活动，教师们在课堂教学改革实践中不仅要克服诸多困难与障碍，而且还要应对课堂教学改革带来的一切可能风险，在地方普通本科高校有关课堂教学方法改革的容错机制普遍不够完善的当下，极少有教师愿意顶着可能因课堂教学方法改革带来的麻烦乃至伤害之类的风险而坚持进行课堂教学方法改革与创新；其三，从各地方普通本科高校有关教师奖励办法与制度的现实看，尽管大多数高校设有教学奖励办法与制度，但鲜有哪所高校专门单独为课堂教学方法改革设立奖励办法与制度，由于课堂教学改革包含的内容较为宽泛，且其中诸如课堂教学目标改革、课堂教学内容改革、课堂教学手段改革、课堂教学形式改革等与课堂教学方法改革相比，明显既相对容易操控又相对容易实现，因而广大教师在开展课堂教学改革之时虽然也会顾及课堂教学方法的改革，但在课堂教学改革实践中往往会更持久关注课堂教学目标、内容、手段及形式之类的改革。

三、课堂教学方法改革创新能力不强

课堂教学方法改革创新能力是指，教师在一定课堂教学理念指导下，通过改革手段创新课堂教学方法的能力。教师具备这种能力的状况决定着教师是否可以顺利通过相应的改革手段创新课堂教学方法，以及通过相应的改革手段创新课堂教学方法的程度。一般来说，教师具有的课堂教学方法改革创新能力越强，不仅越有利于其践行课堂教学方法改革活动，而且其相应的课堂教学方法改革成效也相应越高。前述调研结果表明，当前，诸多地方普通本科高校教师在课堂教学方法改革层面表现为有形无实，即不少地方普通本科高校教师开展的课堂教学方法改革活动实际上极少有带来实质性的课堂教学成效。由此可见，地方普通本科高校教师通过改革手段创新课堂教学方法的能力明显较弱。其主要原因在于：一是地方普通本科高校教师入职之前普遍缺乏系统的教育教学理论学习与教育教学技能训练。众所周知，迄今为止，我国高校教师入职之前通常只接受学科专业的教育与训练，几乎没有研修教学专业，他们在入职之前相当重视学科专业的研修与科学研究能力的养成，但对教育教学理论与技能很少关注甚至从未顾及，因而其入职之前基本上谈不上具备所谓的课堂教学方法改革创新能力。二是地方普通本科高校教师上岗之前普遍缺乏足够的岗前培训。从调研情况看，在岗前培训中，绝大多数地方普通本科高校新入职教师通常仅接受“高等教育学”“高等教育心理学”“高校教师职业道德修养”“高等教育法规概论”四门课程的学习，且总学时大多在110—150之间，尤其是，这些课程中涉及课堂教学技能的学时普遍极少，罕见有高校专门针对课堂教学方法及其改革这一主题对新入职教师进行系统培训，因而使得地方普通本科高校教师在岗前培训中接受的有关课堂教学方法及其改革的理论知识与实践技能相当有限，进而很难应对正式任教过程中复杂多变的课堂教学方法改革创新活动；三是地方普通本科高校教师职后普遍缺乏系统的教育教学理论学习与教育教学实践训练。毋庸置疑，在地方普通本科高校事实上依然心照不宣地存在“重科研轻教学”现象的当下，鲜有高校定期或不定期地专门基于教育教学理论与方法这一主题对本校教师进行职后培训，使得广大教师在教育教学理论与方法上普遍很难与时俱进地得以更新与提升，岂谈其课堂教学方法改革创新能力的强与弱？其课堂教学方法改革创新能力又能够强到哪个程度或高度？

第四节　学生课堂学习素养上的问题及分析

课堂教学是教师在课堂上引导学生有组织、有目的、有计划地进行教与学的互动活动，在课堂教学互动中，教师是课堂上“教”的主体，学生是课堂上“学”的主体，显然，教师的“教”离不开学生的“学”，课堂教学的成效不仅与教师在课堂上的“教”有关，还与学生在课堂上的“学”有关。因此，课堂教学的成效不仅取决于教师在课堂上的教学素养，而且取决于学生在课堂上的学习素养（简称课堂学习素养），教师改革课堂教学方法的成效与学生课堂学习素养密切相关。从调研结果看，当前高校课堂教学方法改革上存在的某些问题与学生的如下课堂学习素养有关。

一、课堂学习动机功利性明显

课堂学习动机是指，激发、引导、维持并推动学生在课堂上进行学习的内在动力。学习是一种复杂的心智活动，理应需要一定的动机作为支持条件，学习动机与学习行动密切相关。从学习动机的性质看，有功利性学习动机和非功利性学习动机两类，功利性学习动机与功利性学习行为相联系，非功利性学习动机与非功利性学习行为相关联。从学习的价值与意义的抉择视角看，若一个学生认为课堂学习对他的未来前途或发展有价值与意义，那么他就会表现出相对积极的学习行为，且他认为课堂学习对其未来前途或发展的价值与意义越大，他相应的学习行为积极性也会越大。如果一旦学生出现功利性的课堂学习动机，则其在课堂上将会依据自己的上述价值判断来决断自己是否有必要认真听课以及是否有必要与教师在课堂上进行交流互动，由此可见，教师改革课堂教学方法的成效明显与学生课堂学习动机的功利性有关，且学生课堂学习动机功利性越强，对教师改革课堂教学方法的成效影响越大。毋庸置疑，学生在功利性的课堂学习动机驱动下，一旦发现教师的课堂教学方法改革不利于自己追求某种功利性价值与意义实现，则其必然会直接或间接地阻碍与抵触教师改革课堂教学方法。从调研结果看，地方普通本科高校学生在课堂上的学习行为呈现出明显的功利性，暗示其课堂学习动机功利性明显。比如，除了部分学生在课堂上做一系列无关学习类的事情及部分学生选择“逃课”或“翘课”外，部分学生习惯在课堂上做一些本该在课堂外做的作业，还有部分学生总爱在课堂上自学或复习“考研”“考公”“考证”及“出国留学”之类的相关课程或知识，而极少顾及甚至全然漠视当下课堂上教师的授课内容与相关要求，尤其是，在一些非考试类课程的课堂上及一些“好好先生”类教师和一些上课敷衍型教师的课堂上，学生的上述功利性课堂学习行为更甚，毋庸讳言，能够始终关注课程表上所列各门课程的课堂教学并在课堂上始终与任课教师进行教学互动的学生人数的确不多。学生为何会出现如此这般的功利性课堂学习行为？其功利性的课堂学习动机何以产生？主要原因在于，其一，在高等教育普及化的当今时代，大学毕业生人数激增，就业压力越来越大，就业形势越来越严谨，为增强就业竞争力，不少学生自然而然会功利性地会将更多的时间与精力放在“考研”“考公”“考证”及“出国留学”之类的课程或知识学习上；其二，不少地方普通本科高校教师出于多种考量而在课程结业考试上把关不严，因而学生很容易通过相应的课程考试，若遇到考查类课程，学生因不用考试而更容易拿到相应的学分，尤其是，不少高校在学生“补考”或“重修”上把关更松，从而使得不少学生因不太担心课程“挂科”而懈怠课堂学习；其三，不少地方普通本科高校教师因多种原因敷衍课堂教学而导致课堂教学成效差，从而使其课堂教学对学生缺乏足够的吸引力。此外，在金钱代表能力的不当观念影响下，不少学生千方百计想着“挣钱”而忽视了学习的重要价值，从而表现出各种背离课堂的行为。可见，学生上述功利性的课堂学习动机明显不利于教师践行课堂教学方法改革。

二、课堂学习行为被动性明显

课堂学习行为特指，学生在课堂上表现出来的与教师课堂教学主题密切相关的一切学习行为。由现代教学论可知，学生和教师一样，都是课堂的主体，学生在课堂上不应是被动地接受教师所讲授的内容，而应是主动地学习，以至超越教师所讲授的内容，学生在课堂上越是能够主动学习，就越是能够超越教师所讲授的内容，则整个课堂教学的成效就越好；反之，学生在课堂上的学习行为越是被动，则整个课堂教学的成效就越差。从课堂教学的本质上说，课堂教学方法是课堂上教师引导学生有目的、有计划地进行学习的方法，教师的“教”是为了学生的“学”，教师践行课堂教学方法改革的根本目的，就是激发学生的课堂学习兴趣，提高学生的课堂学习效果。一般来说，如果学生在课堂上被动地学习，则难以表现出明显的学习兴趣与学习热情，其最终的课堂学习成效通常也不容乐观。一旦教师发现自己改革后的课堂教学方法不能有效增进学生主动的课堂学习行为，就通常会认为自己的课堂教学方法改革无益于改进学生的课堂学习状况，一旦教师经过多次课堂教学方法改革尝试后仍然发现无法增进学生的课堂学习行为，就通常会对课堂教学方法改革失去信心或耐心，进而就通常会懈怠课堂教学方法改革。换言之，学生在课堂上的被动性学习行为不利于教师持久践行课堂教学方法改革。从调查结果看，当前，地方普通本科高校学生的课堂学习行为被动性明显。比如，缺乏主动预习新课的行为，缺乏主动复习旧课的行为，缺乏主动回答教师提问的行为，缺乏主动向教师提问的行为，缺乏主动反思总结的行为，缺乏主动开展小组合作学习的行为，缺乏主动完成课后实验或课后练习的行为，等等。立足先进的课堂教学方法需要学生主动参与的视角看，学生上述主动学习行为的缺乏，明显不利于教师践行课堂教学方法改革。

三、课堂学习方法惯习性明显

课堂学习方法惯习性是指，学生在课堂上的习惯性的学习方法。据现代教学论可知，课堂教学既包含教师在课堂上的教授，又包含学生在课堂上的学习，教师的教授与学生的学习密不可分。由此可见，课堂教学方法改革不仅包含教师在课堂上对“教法”的改革，而且包含学生在教师的指导下对原有“学法”的改革，教师对“教法”的改革有赖于学生对“学法”的改革。显然，教师开展课堂教学方法改革离不开学生的支持与配合，如果学生固守原有的习惯性的课堂学习方法，则明显不利于教师改革课堂教学方法。调查中发现，目前，地方普通本科高校学生在课堂学习方法上表现出明显的惯习性。比如，在课堂上，学生习惯将教师板书于黑板上的内容或投影上 PPT 呈现的内容全盘抄在笔记本上，习惯听教师讲解问题而不习惯自己独立思考问题，习惯接受教师的观点而不习惯质疑教师的观点，习惯继承性学习而不习惯创新性学习，习惯独自学习而不习惯合作学习，等等。其原因主要表现在两个方面：一方面，受中小学阶段课堂学习习惯的影响，学生进入高校后，仍习惯尽可能将教师在课堂上呈现的全部信息都记下来，习惯不加质疑地接受教师在课堂上讲课的内容，习惯教师讲学生听的课堂教学方式，习惯教师提问学生答问的课堂教学方式；另一方面，受高校传统课程学习方式的影响，学生习惯了课上记笔记、课后整笔记、考试背笔记的高校课程学习模式，他们只要掌握了课堂上教师讲课的内容，就能够顺利通过课程结业考试并获取相应的课程学分。不言而喻，如此课程学分获取模式必然会反过来进一步强化学生在课堂上的学习方法习惯，若教师的课堂教学方法改革不影响学生获取相应课程的学分，则学生自然而然会固守习惯性的课堂学习方法。

第四章　个案解剖：地方普通本科高校课堂教学方法改革的质性研究

前文已基于实证调查的结果，从“面”上（整体上）剖析了地方普通本科高校课堂教学方法改革方面存在的障碍性问题之根源，为更具体、更深入地把握地方普通本科高校教学方法改革的真实状况，本章致力于选择一所典型的地方普通本科高校，运用质性研究方法，以解剖麻雀的手段，从“点”上展开更为深入而透彻的挖掘。

第一节　质性研究设计与过程

对于质性研究来说，质性研究设计及质性研究过程是整个质性研究不可或缺的重要组成部分，在质性研究中理当加以重视。本节将在阐述普通本科高校课堂教学方法改革的质性研究设计之基础上，概述相应的质性研究过程。

一、质性研究设计

一般来说，质性研究始于质性研究设计，良好的质性研究设计是获取高质量质性研究结果的前提与基础。在本书中，质性研究设计主要包括质性研究工具的设计及质性研究对象的抽样两个方面。

1. 选择质性研究的理由

本书之所以选择质性研究探讨地方普通本科高校课堂教学方法改革的障碍性问题之根源，一方面是由于我们在着手本研究之前并不知道可能有哪些发现[①]，且通过质性研究可能会让我们有新的发现；另一方面是由于这种研究方法可以基本上满足我们所要研究的问题之要求。质性研究对当事人看问题的视角十分重视，通过质性研究，可以有助于我们从高校的教务管理者（教务处领导及教学督导）、教师和学生三个角度，了解他们在高校课堂教学方法改革方面的体验与体悟，以及他们对高校课堂教学方法改革中相应行为的意义解释。质性研究着重在微观层面对有关社会现象进行深入细致的描述和分析，这正好能够满足我们对高校课堂教学方法改革现象进行更加深入的探讨；质性研究强调在自然情境下研究事物发展的动态过程，这正好能够满足我们从一个动态的层面上了解上述被研究者在高校课堂教学方法改革方面的具体行为，从而便于我们更加真实地了解当前地方普通本科高校课堂教学方法改革的现实，进而便于我们对地方普通本科高校课堂教学方法改革展开一个具体、深入且独到的研究；质性研究允许选择较小数量的样本，这正好能够满足我们对地方普通本科高校课堂教学方法改革这一极为复杂的研究课题采用个案研究的手段展开研究提供了依据。

2. 质性研究工具

在运用质性研究方法进行相关研究的过程中，研究者本人即是研究工具，换言之，研究者本人就是质性研究的工具。不过，此处所指的质性研究工具特指在质性研究过程中收集资料的工具。在探讨地方普通本科高校课堂教学方法改革中障碍性问题之时，我们运用了观察和访谈两种具体方法来收集资料。在本书中，我们将运用观察法收集资料的观察提纲称为观察工具，将运用访谈法收集资料的访谈提纲称为访谈工具。

（1）观察工具

观察是指对某一事物或现象进行查看的行为。在质性研究过程中，研究者将观察作为一种收集相应研究资料的手段，以之为相应研究提供必要的数据资料，此时的观察就成了一种收集研究资料的具体方法或手段。在本章的质性研究中，观察法将被作为一种收集资料的方法。值得

① 陈向明. 质性研究方法与社会科学研究［M］. 北京：教育科学出版社，2000：7-13.

指出的是，观察法本身也可以单独作为一种研究方法，即指“研究者运用自己的感觉器官和借助某些辅助工具，对在自然条件下发生的自然现象和社会现象进行有目的、有计划的系统考察，以获得经验事实的一种研究方法”[①]。在本章的质性研究中，我们通过观察的方法了解地方普通本科高校课堂教学概况，以之为真实而深入了解高校课堂教学方法改革实况提供事实依据。

为尽可能全面反映高校课堂教学概况，我们在质性研究过程中采用非结构性观察的方式深入高校课堂进行现场观察，并在正式进入高校课堂之前设计了相应的观察提纲——观察工具，以之尽可能将观察到的课堂概况尤其是师生在课堂中的行为内容与行为方式记录下来。本次质性研究中的观察提纲围绕观察的具体时间、地点、对象、内容（比如教学内容、教学方式、教学手段、师生互动等）以及观察到的具体行为是如何发生的和该行为为什么会发生等六个方面展开。具体的课堂观察提纲详见附录1，在此恕不赘述。

（2）访谈工具

在质性研究中，访谈是指通过与研究对象进行交谈的方式来收集资料的一种方法，这种访谈是一种有目的、有计划、有准备的针对性谈话。在本章的质性研究中，访谈正是被作为一种收集相关资料的方法。为了获取研究对象（受访者）对高校课堂教学方法改革的真实看法与态度，本章运用半开放型访谈形式与研究对象进行访谈，以之给予研究对象自由表达其内心想法及获取意外而具有价值的资料。

为了促使访谈所获取的资料更加丰富且更有价值，我们在正式访谈之前制定了访谈提纲——访谈工具，该访谈提纲主要围绕研究对象（受访者）对高校课堂教学方法的内涵、高校课堂教学方法改革的成效、高校课堂教学方法改革的障碍及其深层原因的等方面的问题展开，访谈提纲详见附录2，值得一提的是，这个访谈提纲只是引导访谈活动进行的一个较粗的框架，在实际访谈过程中有所调整。

① 徐红．现代教育研究方法［M］．北京：科学出版社，2018：70.

3. 质性研究对象

在质性研究中，研究对象即被研究者，不仅包括人，而且还包括被研究的事件以及人所依附的组织或机构等相关内容。下面将简要概述本次质性研究中所选择的个案学校及其被研究的人（下文简称研究样本）。

（1）个案学校概况

本次质性研究选择S大学为个案。之所以选择S大学作为本次质性研究的个案，其原因主要有三：其一，S大学位于我国教育强省及教育大省，是省重点建设的一所综合性地方普通本科高校。该校学科门类齐全，专业涉及面很广，面向全国招生，是一所集本科生、硕士生和博士生培养于一体且设有博士后流动站的高水平地方普通本科高校。学校现有专任教师2300多人，其中，教授300多人，具有博士学位的教师近1000人，获批省部级以上人才项目、专家称号人选近300人；学校现有全日制本科生30000多人，全日制研究生（博士生和硕士生）5000多人，留学生近1000人。学校办学历史悠久，文化底蕴浓厚，是一所典型的教学科研并重型高校，该校一向注重教学方法改革，在教育部组织的普通高校本科教学质量评估中获得优秀等级，因而可以为本研究提供很多有价值的资料；其二，我们与S大学中一部分师生十分熟悉，而与另一部分师生相对陌生，这样更有利于保证被研究人群中熟人与陌生人的相对比例，进而更好地为本研究收集到真实而全面的资料。

（2）研究样本概况

为了最大限度地从各个不同层面的研究对象处获取有价值的研究资料，在本次质性研究中，我们使用目的性抽样法中的最大差异抽样法抽取研究样本，即抽取那些能够为本研究问题提供最大信息量的样本。

本研究选取了督导型专任教师（含曾经担任过教学督导职务和正在担任教学督导职务的专任教师）5人和非督导型专任教师（从未担任过教学督导职务的专任教师）10人（详情见表16），不同年级的本科生60人。此外，本次质性研究对象还包括S大学的3位教学管理者（分管教学的校长、教务处处长和1位分管教学副处长）。值得一提的是，为了方便检验质性研究结果的质量，上述大学生来自以上15位专任教师正在任教课程的班级，其中，每位专任教师对应一个班级，每个班级选择两男两女共 4 名学生组成 15 个学生组。由于本研究中对教师的访谈采取的是个别访谈形式，而对学生的访谈采取的是集体访谈形式，因而为行文方便，下文将接受访谈的教师分别称为教师 1、教师 2、教师 3……教师 15，而将与每一位教师对应的每一个学生组（每一个学生组含四名学生）分别称为学生 1、学生 2、学生 3……学生 15，即教师 1 对应学生 1，教师 2 对应学生 2，教师 3 对应学生 3……教师 15 对应学生 15。

表 16　研究样本（教师）一览表

教师序号	教龄/岁	职称	任教专业	任教年级	是否督导
1	32	教授	工科类	大二	是
2	29	教授	理科类	大一	是
3	27	教授	文科类	大四	是
4	21	教授	理科类	大三	是
5	19	副教授	文科类	大二	是
6	35	教授	文科类	大四	否
7	28	副教授	理科类	大三	否
8	20	教授	文科类	大二	否
9	16	教授	工科类	大一	否
10	13	副教授	工科类	大一	否
11	11	副教授	文科类	大四	否
12	7	副教授	理科类	大三	否
13	5	讲师	文科类	大二	否
14	3	讲师	理科类	大三	否
15	3	讲师	工科类	大一	否

二、质性研究过程

1. 进入研究现场

在进入S大学开展研究之前，我们事先向S大学的相关领导及拟访谈对象（含教师和学生两类研究样本）阐述了该研究的有关概况并表达了我们欲以S大学作为一个研究个案的意图，在征得他们的同意与支持后才正式进入研究现场。在此值得指出的还有三点：其一，为了获取充分的信息，收集足够的资料，我并非一次性进入研究现场，在整个质性研究期间，我们先后93次进入S大学与相关教师及学生进行访谈；其二，在与每位被研究者（受访者）接触前，我们都会设法考虑如何与之见面更好，并由对方从自身实际出发决定见面的具体时间与具体地点；其三，基于质性研究的特点，本研究客观上需要被研究者的积极参与和真心投入，因而我们在与每位被研究者接触前都直接说明了与之接触的意图，以之避免对方对本研究的猜疑。

2. 收集资料

（1）观察

本研究中的观察是针对课堂教学进行的。这样做的好处在于，一方面可以观察教师的课堂教学行为，另一方面也可以观察学生在课堂上的学习行为，此外还可以观察到师生的课堂互动行为。在研究过程中，我们在对每位教师进行访谈前，通常会深入该教师的课堂（含实验课课堂）进行课堂观察，观察时长一般为一个课时（45分钟），主要观察内容包括教学内容、教学方式、教学手段以及师生互动情况。在课堂观察过程中，我们运用事先准备好的录音笔及预先拟定的课堂观察提纲（详见附录1）尽量对整个课堂教学实况进行记录。在每次进入某位教师的课堂进行观察前，我们都会事先通过电话与该教师联系，明确其上课的具体时间、地点以及任教课程，从而确保每次都能顺利且尽量不影响正常课堂的状况下进入相应的教室或实验室。为了尽可能保证课堂观察中所收集的资料真实可靠，在质性研究过程中，我们对每位教师的课堂观察一般会进行二次。此外，我们与每位教师约定好，在两次课堂观察之间安排一次访谈，我们之所以这样做，其根本目的是检验教师的言行是否一致。

我们在整个课堂观察中一律采用非参与型观察的方式进行。我们没有涉入教师的日常活动，而是作为一个旁观者的身份了解课堂教学中教师及学生的动态。为了原汁原味地记录每天观察到课堂信息，我们在每次或每天观察结束后都会对所做的笔记及时进行整理，曾记得有一天因为需要整理的笔记太多（观察了五小节课的内容）而几乎整晚没有睡觉。

在质性研究中，我们深入课堂进行观察的主要目的是：

· 提高相关教师参与本研究的兴趣
· 可能帮助相关教师在接受访谈时回忆和描述有关课堂现象与行为
· 有助于理解访谈过程中可能理解有误的某些概念
· 为通过教师的行为来识别教师所用的课堂教学方法提供资料
· 获取教师的课堂教学方法对课堂教学效果影响的资料
· 初步了解影响课堂教学方法的某些因素
· 可以使访谈内容更有针对性
· 可以初步验证观察与访谈两种方式所收集的资料是否一致

（2）访谈

访谈并非一种简单的谈话，而是一种研究性的交谈，是研究者（访谈者）通过与被研究者（受访者）进行口头谈话的方式从被研究者那里获取相应信息的一种手段，其目的是达到收集第一手资料的目的。通过访谈，研究者可以了解受访者的所思所想和情绪反应，以及他们生活中曾经发生的事情和他们的行为所隐含的意义①，而这些即是质性研究中研究者通过访谈所应收集的资料，研究者通过访谈过程获取资料的数量与质量情况主要受访谈过程中研究者所提问题的形式、内容与技巧等所影响。在本研究中，访谈是我们收集资料的一种主要方法，其目的是从一个自然的层面，比较客观、准确且具体地把握S大学教学方法改革现

① 陈向明．质性研究方法与社会科学研究［M］．北京：教育科学出版社，2000：170.

状及其背后的深层原因，以之揭示其中存在的问题并为进一步提出针对性的策略提供依据。

为了尽量准确了解S大学课堂教学方法改革的现实状况且确保每次访谈话题不至于偏离主题，在访谈过程中，我们采用了半开放性的形式与受访者进行交谈。每次与每位教师交谈的时间大约为一个小时，而每次与每组学生访谈的时间则尽量限定在半小时内。为了避免遗忘有效的访谈信息，我们在每次访谈结束后都会对当天的访谈记录以及录音资料做相应的整理，而后形成电子文本并及时采用电子邮件的形式反馈给访谈对象，让其进一步确认、修改或对某些观点和看法进行补充，之后返回给我们。例如，在与一位督导型专任教师的访谈过程中，我们将他在交谈中的一句谈话内容记录成"……我不知道其他学院教师的教学工作量有多少，但我知道我们学院的专任教师每人每周都有20节以上的课……"，当我们将之以电子邮件的形式发给该位教师时，他毫不含糊地将之改为，"……我们学院上理论课的专任教师每人一般每周有20节以上的课……"。

尤为值得一提的是，与学生的访谈主要集中在"当堂课"（我们刚观察过的课堂）后，由于学生的学习时间很紧张，加之访谈学生的时间时常离进餐时间很近，考虑到访谈时间过长可能会影响学生的学习与就餐，因此与学生的访谈一般控制在半小时；另外，为了验证相关教师的有关"言行"是否一致，因而与学生的访谈可以说是随机的，事先并没有拟定访谈提纲，只是因"对应"教师的课堂教学行为而临时发问，同时与学生的访谈采取的是集体性访谈。

具体地说，我们在访谈过程中采用了如下策略：半开放性地提问、倾听、适当地追问和回应以及记录时运用相应的符号技术及录音设备等。

半开放性地提问：由于人们的行为至少受两套理论来指导，其中一套是自己认为应该如此的理论，另一套是自己在实际行动中遵循的理论[①]，比如，几乎所有的教师都认为学生也是教育教学的主体，学生不

① ARGYRIS C. Action science : concepts, methods, and skills for research and intervention [M]. San Francisco: Jossey-Bass, 1985.

仅仅是受教育者，但在实际教育教学中却往往忽视学生应有的主体地位而仅仅将学生视为受教育者。因此，我们在访谈过程中，既提了一些开放性的问题，也提了一些封闭性的问题，不过以开放性的问题占多数，详情可见访谈提纲。

倾听：在访谈过程中，我们很注重倾听。倾听时，我们将全部的注意力都放在对方身上，给予对方最大的、无条件的、真诚的关注，从不轻易打断对方的谈话，并且用眼光、神情和倾听等姿态向对方传递自己正在积极地"听"之类的信息。当然，在倾听的同时，我们也积极地与对方进行对话与交流，与对方共同建构新的"现实"。例如，针对在教学方法改革的过程中学生不配合的情形，教师感到很困惑，这时，我们会以自身的体验与之分享。

追问：在访谈过程中，倾听是非常重要的，但当遇到很关键且我们没有听清的地方时，我们会适当地加以追问，即对受访者前面所说的某些观点、概念、词语、事件以及行为等进一步探询，将其挑选出来继续向对方发问，直到弄清对方的真实想法为止。比如，很多督导都谈到教师在教学改革过程中需要"敬业精神"时，我们为了搞清楚他们指的"敬业精神"究竟包含什么内涵时，我们曾作过多次追问。

回应：为了自己与受访者之间建立一种对话关系，及时将自己的态度、意向和想法传递给对方，我们总会适当地做出回应，所谓回应，即是对受访者的言行做出反应。我们为了不让对方感到他（她）自己在被分析而不是被理解，唯恐对方产生排斥心理而不愿与我们合作，因而我从不对对方的话进行论说或价值判断。

此外，在访谈过程中还有一个很重要的技术性问题，那就是如何在倾听的同时保证完整地去记录对方的谈话。由于对方的谈话速度一般都比较快，而且很多时候都是一气呵成的。因此，若按对方的谈话内容逐个逐个字地去记录，肯定是做不到的。这时我们采用字符缩写法进行记录，比如用"IM"表示教学方法，用"TE"代表教师业绩评价，用"C"表示现代多媒体网络教育手段，而用"CM"来代表现代教育技术，等等。另外，对于当时确实记录不下来的内容，等到谈话一结束，我们马上进行了补记，从而极力保证了记录的完整与原汁原味。

（3）实物资料的收集

“任何实物都是一定文化的产物，都是在一定情境下某人对一定事物的看法的体现。”[①] 由于该校是由几所专业性的学院合并而成，不少相关文件都已被封存，并且由于人事变动很大，我们很难找到相应的文件，最后仅设法复印了一份“教师课堂教学质量评估表”和“一份教师业绩考核表”。不过，这两份表对我们分析该校有关课堂教学方法及其改革的实际情况有很大的作用，它能进一步帮助我们了解该校课堂教学管理体制的现状有关教学管理领导对课堂教学方法及其改革的认识。

3. 整理和分析资料

整理和分析资料就是对收集的原始资料进行加工，使其逐步系统化和条理化的过程[②]。

（1）资料的整理：

· 整理笔记：从实地回来后，在记忆消退前立即对初级笔记进行清理，补上遗漏的信息和必要的内容细节，保证记录的原汁原味；

· 整理访谈录音以及实物资料等；

· 资料编码：在具体整理资料前，先对每一份资料进行编码，再在此基础上建立一个编码系统，编码系统的信息包括：资料的类型；资料提供者的身份、性别、年龄等；收集资料的时间、地点和情景；资料的排列序号等。

（2）资料的分析：我们对所收集的资料进行分析时主要采取了如下几个步骤：阅读原始资料，登录，寻找本土概念，资料的系统化。

· 阅读原始资料：熟悉资料的内容；把自己有关的前设和价值判断暂时悬置起来，让资料自己说话；通过与资料的互动，产生新的解释；找出关键词、关键短语、关键句子、关键概念和命题。

· 登录：找到有意义的码号；用数字或字母表示每一个码号：将所

---

① 陈向明. 质性研究方法与社会科学研究［M］. 北京：教育科学出版社，2000：257.

② 陈向明. 教师如何作质性研究［M］. 北京：教育科学出版社. 2001：160.

有码号及其所代表的意义抄在另外一张纸上并与相应的资料装订在一起。

·寻找本土概念：有目的性地去寻找资料中的本土概念（所谓本土概念就是被研究者经常使用的、用来表达他们自己看世界的方式的概念）。

·对资料进行系统化：为了反映资料浓缩后的意义分布和相互关系，我们将所有的码号按照一定的分类标准组合起来，建立编码及归类系统。

·对资料进行类属分析和情境分析：类属，是资料分析中的一个意义单位，代表的是资料所呈现的一个观点或一个主题。类属分析指的是在资料中寻找反复出现的现象以及可以解释这些现象的重要概念的一个过程①。而情境分析指的是将资料放置于研究现象所处的自然情境之中，按照故事发生的时序对有关事件和人物进行描述性的分析②。为了比较完整地保存当事人实际生活经历的原貌，而不至于人为地将其进行概念上的切割或情节上的拼凑，我们在本书中非常注意类属和情境两种分析方法的有机结合。

·资料分析的手段：通过写备忘录、记实地日记、写总结等写作手段以及画分类图和矩阵图等图表手段对资料进行分析。

在进行开放式登录的同时我们经常停下来写分析性备忘录，对资料中出现的理论问题进行思考，通过写作的方式逐步深化自己已经建构起来的理论。另外，我们对当天收集的资料进行分析后，都会记下重要的想法和灵感，同时对每天所收集的原始资料在内容上进行简化与浓缩，将资料的精髓展现出来，这样便于建构自己的扎根理论。

由于质性研究本身是一个不断积累变化的过程，在分析资料的时候，新的分类不断出现，旧的类别因不适用而被不断抛弃，同时大类别下面的小类别也逐渐分化出来。每次新类别出现时，我们便会去收集更

① 陈向明. 质性研究方法与社会科学研究［M］. 北京：教育科学出版社，2000：290.

② 陈向明. 质性研究方法与社会科学研究［M］. 北京：教育科学出版社. 2000：292.

多的原始资料以补充或检验这些新的类别。

4. 建构理论的方式

在整理与分析资料之时，我们就开始建构自己的扎根理论（由上分类图可知），但为了阐述清楚，我们在此还是专门谈一下本研究建构理论的方式。

在建构理论的过程中，我们不断受到理论效度问题的困扰。由于我们不满足于对研究对象们的行为和意义进行描述和解释，还希望建立一些有效的理论，使研究具有认同和理论推广度。然而，应如何从原始资料出发建构理论呢？唯一的办法就是反复阅读原始材料，从字里行间窥探他们的内心深处。在建构理论时以原始资料为准，以研究对象的解释为主，其他文献资料仅作为分析资料时的辅佐手段。

总的来说，建构理论的基本方式为：阅读原始资料→归纳分析→建构理论

具体来说，分为以下三步（即三次编码）：

一级编码（开放式登录）：初步分析原始资料→找出关键词、关键短语或句子、命题以及一些本土概念

二级编码（关联式登录）：比较分析→建立概念、关键词、句子或短语以及命题的类属关系

三级编码（核心式登录）：系统分析→初步建构理论

5. 研究结果的成文方式

按照一定的主题，将研究结果进行归类。在成文时，我们以类属法为主，情境法为补充，对每一个研究结果分别进行解释，以原始资料的解释为主，其他那些可以帮助我检验研究成果的文献作为成文时的辅助材料。

在成文时，我们发现将文献中有关的理论与自己的论述进行结合是非常棘手的事情，几乎每一研究结果都可以从多个角度进行论述，如果将这些不同层面的分析都呈现出来的话，那么论文就会显得十分臃肿，故我只能从原始资料出发，选择最主要的方面有针对性地进行分析。

在分析资料与成文的过程中，我们始终受到一个问题的困扰——如

何选择材料？对于那些被所有研究对象或大多数研究对象所提及的现象，我们会毫不犹豫地加以选择。但对于那些只有少数人或个别人提及的现象，我们会徘徊不定，不知是否加以选择。最后，我们的处理办法是以它“是否可以为本研究提供丰富的信息”为准则，如果是，我们一定会加以选择，否则，弃之。如此取舍的理由是，质性研究的目的不是获得样本的“代表性”，有时候一个“极端的例子”有可能比一个“典型的例子”，更能有力地对研究的现象做出阐释①。

在成文前后，我们一直在不断修改本论文的结构框架，重新定义一些分析类别，并不断地收集更多的原始资料。在整个研究期间，我们都在努力地学习质性研究的理论与方法。

6. 研究结果的检验

为了能集中笔力对研究结果与反思进行论述，我们特意将研究结果的检验放在研究结果之前进行阐释。

与其他研究类似，研究结果出来后，必须对其质量进行检验。值得指出的是，关于质性研究中“信度”问题的讨论。“信度”这个概念来自量的研究，它指的是研究结果的可重复性。质性研究以研究者为研究工具，强调研究者个人的独特性和唯一性，即使是在同一地点、同一时间、就同一问题，对同一人群所作的研究，其研究结果也可能不一样。更何况，所谓的“同一地点”“同一时间”“同一问题”“同一人群”这些概念都是相对的，它们随研究的进程而不断地变化，在与研究者的互动中重新构筑自己。因此在质性研究中一般不去讨论“信度”的问题。

本次质性研究的质量检验包括三方面的内容：研究结果的可靠性——效度问题、研究结果的代表性——推广度的问题以及研究结果的合理性——伦理道德问题。下面分别阐释。

(1) 效度的检验

在量的研究中，“效度”指的是研究结果的正确程度，即一次测试

---

① MICHAEL Q P, Qualitative evaluation and research methods, 2nd [M]. Newbury Park: Sage Publication USA, 1992.

在何种程度上测试了它意欲的东西；而质性研究中的“效度”指的是一种关系[①]，即研究结果与研究的其他部分（包括研究者、研究的问题、目的、对象、方法和情境）之间的“一致性”。这是因为质性研究者真正感兴趣并不是“客观现实的真实性”，而是被研究者眼中的“真实”（他们看事物的角度和方式）以及研究者和被研究者之间的互动关系对理解被研究者眼中的“真实”所发挥的作用。与其他质性研究一样，本研究中涉及许多效度方面的问题，也需要进行检验。

在本次质性研究中，我们采用了证伪法、三角检验法、成员检验法以及阐释学的循环等四种检验手段对研究结果的描述性效度、解释性效度、理论效度以及评价效度等进行了检验。我们在本次研究中用得最多的检验方法是成员检验法，即将初步的研究结果反馈到被研究者那里，从而看其是否对研究结果有异议的方法。鉴于研究结果的四个方面效度的检验非常相似，限于篇幅，我们在此仅就本次研究的描述性效度方面的检验举一例，代表我们对研究结果进行检验的方法。

我们对事物或现象进行描述时，严格做到所描述的事物或现象是具体的以及具有可见可闻之感。就拿目前教师在课堂教学方法改革中竞相使用多媒体之类的现代化教学手段这一事实而言，不同层次的人以及同一层次的不同个人都有不同的认识。下面是一些代表性的说法。

> 部分教师在课堂教学过程中并没有真正以学生的发展为主，并没有真正以学生为主体，更没有从关心学生的角度出发，因而尽管使用了多媒体教学手段，但与传统的讲授法相比根本就是一回事，毫不客气地说，这样做，其实是换汤不换药。（教师 3）
>
> 多媒体教学手段在教学中运用得很广泛，可以说在很大程度上改善了传统的教学方法。（教师 4）
>
> 通过多媒体的模拟显示，学生能看到几千米以下的地质结构与石油状况，使学生仿佛身临其境，不仅能让学生学到知识，而且能增添学生的学习兴趣。（教师 5）

---

① 陈向明．质性研究方法与社会科学研究［M］．北京：教育科学出版社，2000：389.

很多教师以为在课堂上运用了计算机多媒体技术就算是改革教学方法了，其实，这些教师在课堂上的教学方法仍是老一套，本质上并没有改观。(教师 2)

并非所有的科目教学都适合运用多媒体，比如说一些逻辑性很强的学科（数学、物理等）就不适合运用多媒体进行教学。(教师 7)

我认为板书比多媒体进行放映的效果要好……（教师 11)

我很喜欢运用多媒体进行教学，因为它很直观且能增加学生学习的兴趣。(教师 1)

我时而运用多媒体进行教学时而又没有用它，我没有发现用与不用到底有什么不同。(教师 12)

我不知道多媒体的效果怎样，反正我也不会用，并且我发现我运用以往一直如此的教学方法学生也没有什么反感。(教师 10)

我们喜欢在多媒体教室上课，我们从来没有考虑过它对自己学习效果的影响，不过我们认为它给我们带来了新鲜感，上课时打瞌睡的情况明显减少了，另外我们在课间还可以利用多媒体放一下音乐。(学生 6 语)

我们虽然在多媒体教室上课，但教师几乎不运用多媒体给我们上课，我们其实是很喜欢多媒体教学的。(学生 9)

我们发现教师运用多媒体上课时仅仅是减少了他用粉笔书写的时间。除此之外，与不用多媒体进行上课几乎没有任何区别。(学生 15)

面对以上如此众多的说法，我们是如何进行检验的呢？

首先，我们运用证伪法从以上各种说法中找出是否有相对立的观点，如有，就必须进一步进行调查以收集更多的资料，并对个别相对立的观点进行再次确认，如果它确实能给本研究带来新的信息，我们决不会放弃之反而会根据被研究者的思路进行一个合理的解释，否则弃之。我们发现以上各种说法虽然不同其实并没有实质上的分歧，他们只是侧重点不同罢了。于是我们便得出初步结论：现代多媒体教学手段在教学中已越来越受到了重视，它是现代教学改革中的一个比较重要的组成部分，但它毕竟只是一种教学手段，教学方法的改革不能仅仅停留在教学手段等外在形式的改革上。目前对于课堂教学方法的改革，出于诸多原因，很多教学管理者以及教师由于没有其他更好的办法而不得不停留在教学手段的改革上，由于多媒体教学技术的发展，它自然被认为是一个很重要的改革手段，因此很多教学管理者和教师在教学方法的改革上便过分依赖于多媒体等外在形式的教学手段进行改革。

然后，我们运用成员检验法将初步得出的结论反馈给上述被研究者，以之观察他们的反应（如果有不赞成的情况发生，我们就会再次访谈之并找出合理的解释），一旦发现他们都没有对该研究结论提出异议，我们就确认相应研究结论是正确的。

当然，在质性研究过程中，我们有时也会出现误解被研究者真实想法的现象，导致相应的研究结论出现失误的情形。比如，在我们听到教务处副处长说该校教师课时负荷普遍较重这一话题时，起初以为该校全体教师的课时负荷普遍较重，但是，当我们听到他谈及该校有些教师只顾科研而不愿上课或者有些教师以承担有较重课题为借口而不愿意承担教学任务时，我们便追问道："依您刚才所说，贵校也会有部分教师有时一学期或一段时间就不用上课了吧？"他的回答是"是的"。"那么您刚才为什么说该教师的课时负荷普遍较重呢？"（我们追问）"我刚才指的是教学科研岗和教学岗的那些专任教师的课时负荷普遍较重，科研岗的教师由于可以用科研工作量冲抵教学工作量而在有些学期根本没有教学任务或教学任务极少。"经过运用阐释学循环的检验手段，我们最后得出的结论是：教学科研岗及教学岗位的专任教师的课时负荷普遍较重。

（2）推广度的讨论

在量的研究中，"推论"是一个不言自明的概念。然而在质性研究中，"推论"的概念就不是如此了。这是因为质性研究不采用概率抽样法，并且样本也比较小，有时甚至只有一个人或一个地点，其研究结果自然就不能推广到总体中去。质性研究中所说的"推论"是指：如果从一个样本中获得的结果揭示了同类现象中一些共同的问题，读者在阅读研究报告时在思想和情感上产生了共鸣，那么就起到了“推论”的作用；或者，如果研究在对样本进行深入分析的基础上建立了某种理论，那么这个理论便会对类似的社会现象产生阐释的作用，从而在理论的层面完成“推论”的作用。

在本研究中，我们调查的教师和学生人数非常有限，而且由于我们的能力、精力以及时间也有限，所得出的研究结果与我们的性格特征与能力特征、我们与被研究者之间的关系以及我们从事此项研究的具体方法与过程息息相关，因此所得出的研究结果明显有限，因而我们并不指望将这些质性研究结论推广到相关范围之外。当然，我们十分关心质性研究结论能否为那些有类似问题的教学管理者、教师以及关心类似问题的人们提供一定的理论指导和经验共享，尤其是，更加期盼从“点”的层面更加具体地呈现地方普通本科高校课堂教学方法改革的样态。

（3）伦理道德问题的思考

与其他质性研究一样，本研究中也涉及很多伦理道德方面的问题。在整个研究过程中，我们一直坚持着自愿和不隐蔽原则、尊重个人隐私与保密原则、公正合理原则以及公平回报原则等几个原则。具体体现在：一是我的研究得到了S大学相关领导、教师以及学生的同意；二是我们在访谈期间与每位参与者商讨了具体的访谈时间（另外，我们所进行的课堂观察也与教师约定了具体的时间），并由受访者根据自己的实际情况安排具体的访谈时间与访谈地点；三是我们在整个研究期间自始至终一直没有隐瞒自己此项调查研究的目的；四是我们对被研究者采取了保密的原则，且对访谈记录也采取了保密的原则；五是我们答应将研究结果与“欲求者”共享；六是我们给受访的教师介绍了许多相关的课堂教学理论与课堂教学思想；七是在与教师和学生的访谈过程中我们经常向对方承诺谈话内容绝对保密这一原则；八是我们绝对没有在受访者之间传播彼此的信息；九是慎重请求过有关教师和学生不要彼此传播我们的调查情况；十是我们公正地对待被研究者以及所收集的资料，设法合理处理研究结果。

第二节　质性研究结果与分析

质性研究重在对多种途径搜集的资料展开深入分析并建构自己的扎根理论，然后通过多种验证方法对扎根理论进行检验，并在此基础上获得相应的研究结论。本节的思路即是如此。

一、课堂教学管理层面的质性分析

教学管理体制是一个内涵非常丰富的概念，因此，在描述与探讨教学管理体制与教学方法之间的关系之前，有必要对“管理”“体制”“教学管理”以及“教学管理体制”这样几个与之相关的概念进行一个界定。

管理是指，通过组织与协调他人的共同活动收到个人单独活动所不能收到的效果，并配置有限的资源，以实现预定目标的过程[①]；体制即国家机关、企业和事业单位机构设置和管理权限划分的制度[②]；所谓教学管理，本节专指高等学校的教学管理，即“高等学校在一定的时间和空间中，为了实现一定的教学目标，合理地有效地调配高等学校中的人、财、物以适应高等学校内部的活动以及外部环境的变化，最终达到教学目标的行为过程”[③]；教学管理体制，是指教学管理活动中各构成要素之间的相互关系及其组织形式与方式，是教学管理活动中的机构设置、各构成要素之间的隶属关系、权限划分等方面的体制和制度的总称[④]。

质性研究表明，地方普通本科高校课堂教学方法改革状况与其教学管理体制密切相关。其中，阻碍其教学方法改革的根源因素主要有以下几个方面。

---

① 姚启和．高等教育管理学［M］．武汉：华中理工大学出版社，2000：3.

② 辞海（缩印本）［M］．上海：上海辞书出版社，1979：228.

③ 薛天祥．高等教育管理学［M］．桂林：广西师范大学出版社，2001：110.

④ 姚启和．高等教育管理学［M］．武汉：华中理工大学出版社，2000：101.

1. 教学督导制度不够成熟

从质性研究结果看，地方普通本科高校的教学管理者缺乏先进的教学方法改革观念，且在课程设置上不够合理。

现状 1：缺乏适宜的课堂教学方法改革条件

我承认自己因为没有教学理论为指导而不知如何改革教学方法，但我认为如果领导的教学方法改革观念转变了，我自己的教学方法改革观念想不转变都不行。我不是不知道要转变教学方法改革观念，但我的教学方法改革观念之转变受到很多条件的限制，根据适者生存的规律，我不得不“因循守旧”。(教师 7)

……如果领导的观念变了，我的观念也会跟着变。(教师 13)

根据辩证唯物主义内因与外因相互关系的原理可知，教师是课堂教学方法及其改革的内因，教学管理体制以及相关教学管理者是课堂教学方法及其改革的外因，当教师这一内因具备了相关的教学理论与教学实践知识且其教学观念提升后，教学管理体制与相关教学管理者这一外因对课堂教学方法及其改革就起着举足轻重的作用了。经过调查研究可知，S 大学教学方法改革的关键不只在于教师教学观念的转变，而更在于教师有关教学理论知识的提升以及教学管理体制的转变或教学管理者之教学观念的转变。而且在某种程度上说，影响 S 大学教学方法的因素之最是教学管理体制，因为有关教学管理者以及教师的相关教学理论知识的提升不是难事，高校教师以及相关管理者欲要改变自身的教学观念也相对容易些，但正如某媒体[①]所指出的那样，高校的教学管理体制确实很陈旧，是改革中的一个死角，教学管理体制中的职称评定、教师业绩评定以及课堂教学评定、某些考试制度（例如英语四、六级考试与计算机等级考试、科目结业考试等）对教师的教学以及学生的学习具有明显的导向作用，自然也就对课堂教学方法具有导向作用了。而且，目前许多教师受到市场观念的冲击与影响，其师德受到了严重的挑战，如果

① 高校改革关键在于行政放权［EB/OL］.（2002-10-08）［2021-08-01］. http://news.southcn.com/china/gdspcn/spmeiri/200310080538.htm.

教学管理体制不当，则这种情形势必会进一步加剧，哪有教学方法或教学方法改革之谈？

现状 2：课程设置与课时安排不太合理

从质性研究中搜集的资料看，S 大学有些专业的学生到了“大三”还安排有与其专业关联不大或几乎无关联的“基础课”；有些专业或班级的学生有时一整天都没有课，而有时一整天（甚至包括晚上）都有课要上；有些教师有时连续 2-3 天都需要上课，而有时连续 4-5 天也没排课；有些教师在整个学期或整个学年内都不用上课，而有些教师却在同样一个学期内安排了多门课；有些教师只上一个班的课，而有些专业相同或类似的教师需要同时上几个班的课；有些教师被安排的是大班教学，有些教师被安排的却是小班授课；基础课教师的课时普遍过多，而专业课教师的课时普遍较少；课时多的教师因负荷过重而处于一种应付教学的状态，课时过少的教师因为拿不到丰厚的课时酬金而对教学不满。

反思：

课程设置与课时安排是一定教育观念的体现。“课程设置是培养人才的规划，它把达到培养目标所要求的教学科目及其目的、任务、内容、范围、进度和活动方式的总体规划体现出来。”① 而课时安排是指对具体科目的总课时数及其在每学年或每学期甚至是在每周的规划。课程设置与课时安排的情况直接与教学相关，从而对课堂教学方法产生深远的影响。

一般说来，高等学校的课程设置应该符合这样三个原则：第一，符合高等教育的总体培养目标，大学的专业教育不能代替或掩盖普通教育；第二，符合高等教育的专业培养目标，因为专业教育决不能湮灭于普通教育与专业教育的结合之中，专业课程是主要的，综合课程是少量的，专业教育的口径不能被无限扩大；第三，符合大学生的心理发展特点。而课时安排主要是应该做到均匀规划，即课时分布均匀。

① 潘懋元. 新编高等教育学 [M]. 北京：北京师范大学出版社，1996：349.

对于课程设置而言：按照本科专业设置课程的规律，大学基础科目应主要设置在大一以及大二的上学期。如果到了大三还设置基础课，甚至安排一些与学生专业联系不紧的基础科目，那么学生自然就会消极对待该科目的学习，相应地，学生就不会很好地去配合教师的教学，从而影响教师对课堂教学方法选用，对课堂教学效果的影响也就不言自明。比如，在一次大三的环境科学课上观察到，绝大多数的学生没有用心听讲，有些学生在“开小会”，有些学生在学其他科目，有些学生在看小说，有些学生在写写画画，有些学生干脆在睡觉。课后，我们询问了其中一些上课时没有积极配合该教师（教师 11）进行课堂教学的学生，问他们是不是因为教师的课讲得不好而不愿听课，没有料到他们的回答却是：这个教师的课讲得不好是一个方面，更重要的是这门课与本专业的联系不大而且还设置在大三，如果这门课安排在大一或大二他们上课时可能会用心听讲一些些。同时，我们问及该教师为何看见绝大多数学生根本不听讲而仍在课堂上要一讲到底的原因时，该教师说，这门课是选修课，与学生的专业联系不大，而且这门课又安排在大三进行，学生早就向他表示过不想上此门课，学生们本想放弃这门课的学习，但由于再重新选课又要费很多周折，同时学生们认为反正是选修课，最后也就作罢了。该教师接着说，他本来打算运用讨论法给学生上课，但考虑到学生不可能配合的实际，于是便将最初准备拟定的讨论课改成了讲授课。这位老师认为，让这些有情绪的学生主动去学习该门课是不大现实的，于是在讲课时总想尽可能多地传授一些相关知识给学生，以不枉此科目的开设。

对于课时安排而言：教育心理学表明，课时安排过密，学生来不及“消化”而“胃未排空”就又要接受新课肯定会导致“消化不良”，更不用说有足够的时间去预习下一次课了，当然，课时安排过稀则会导致学生放松学习；相应地，教师的课时安排过密，教师会因为时间仓促导致备课不充分而不讲“战略战术”，课时安排过稀，则会导致教师放松教学。因此，相关教学管理者应合理地安排学生以及教师上课的时间，以避免“饥饱不均而使学生患上消化不良甚至比此严重的胃病”，以避免

"饥饱不均"而影响教师的教学设计。显而易见，课时安排的具体情况直接关系到教学方法的选择与运用。

另外，S大学教师的课时酬金是与其相应的课时数挂钩的，因此在安排课时的时候，除了要考虑到教师和学生的时间安排之合理性外，还要考虑各任课教师间的课时数的均匀性，切不可厚此薄彼。

现状3：缺乏必要的制度保障高校课堂教学方法改革的持续性

虽然S大学中很多教师积极参与过课堂教学方法改革，但是能够始终一贯坚持课堂教学方法改革的教师人数却极少，大多数教师在一段时间后就放弃了课堂教学方法改革。且在调查的过程中发现，S大学的课堂教学方法改革存在"一阵风"现象，当学校的课堂教学方法改革之风盛行的时候，全校教师都参与课堂教学方法改革，盲目"随大众"，当学校的课堂教学方法改革的"热潮"冷下来后，从领导层到一线教师都逐渐淡化甚至淡出课堂教学方法改革。

> 在学校没大张旗鼓提出教学改革时我就开展了教学改革，但最后我还是放弃了。因为自己本来打算以"小步子"缓慢进行课堂教学方法改革，让学生有一个较长期的适应过渡期，但是学校关于教学方法改革浪潮，一浪接着一浪，而且每次换了教学领导后改革的方向和重点都不一样，导致自己上次课堂教学方法改革还没完成，下一次改革就又接踵而至，使自己课堂教学方法改革节奏打乱，且在这样的改革模式之下我个人觉得改得很累，所以最终放弃了改革。(教师8)
>
> 学校虽然强调提升教学质量进行教学方法改革，但是学校层面教学方法改革的风格切换频繁且差异较大，导致部分"后知后觉"的教师难以跟上学校的节奏。(教师1)
>
> 学校虽然多次强调要进行课堂教学方法改革，但是学校却一直没有具体相应方案安排，最终课堂教学方法改革就变成教师自己个人的行为了。(教师6)

反思：

课堂教学方法改革需要有计划、有目的、有序地推进开展，在这个过程中需要学校管理层进行科学的“顶层设计”，有计划地推动课堂教学方法改革的进行。课堂教学方法的改革是一个持续的、系统性的工程，在改革过程中需要综合考虑学生基本情况、教学环境、教学设备、教学内容、教学目标等因素，不能盲目将某种流行时尚的教学方法硬性“嫁接”到自己的课堂教学方法中，而需要任课教师在课堂教学过程中，结合课堂实际对课堂教学方法进行推演反思找出其不足，结合其他优秀课堂教学方法理念、思路、形式等对现有课堂教学方法进行完善与发展，提升课堂教学方法的有效性与适应性。在这个过程中需要消耗教师大量时间与精力对课堂教学方法现状的观察与实践，切实根据实际找到相应的途径对现有课堂教学方法进行改革，这个过程是漫长的不可能一蹴而就，需要课堂教学方法改革者坚持不懈的系统性努力与顽强毅力。

2. 教学评价制度相对滞后

现状 1：重科研轻教学

无论在权衡教学与科研之比重上，还是在评定教师业绩与职称之指标上，S 大学都有相对重视科研而淡化教学的倾向与表现。教务处处长有所顾虑地说，在我国当前有关高校各类排名事实上仍然凸显科研指标的情况下，S 大学为了与其他大学攀比，明显注重学校的科研工作，并成立了各类科研机构数十个。另外，教师职称的评定与其教学的时数挂钩而与其课堂教学的质量没有严格挂钩甚至基本没有挂钩。对于那些根本没有上课或上课的次数极少而没有达到规定教学指标的教师，如何其科研指标明显超过了原本的“制度规定”，学校方面在上报其教学情况时也会有意无意“放其一马”甚至“暗度陈仓”，以助其职称评定顺利过关。当然，在评定教师的业绩时，参与评定的人员普遍都能意识到教学质量应该占有明显重要的地位，但鉴于教学质量没有一个较为严格且方便操作的量化指标，因而在实际评定中常常被忽视甚至放弃。由于教师职称评定与业绩评定时忽视了教师教学的效果尤其是课堂教学的质量，甚至在教学名师评定时也是以其科研指标优先（在此姑且不论评定中可能出现的一些不公正行为），因而导致学校某些教务管理者和许多教师认为教学不值一提，如此这般，还谈什么课堂教学方法改革？尤其遗憾的是，S大学的部分教务管理者和部分教师认为课堂教学方法是"小儿科"，根本上不值得用心研究，他们认为课堂教学方法及改革是中小学教师的事，大学教师只要有足够的科研能力就可以了，大学课堂上根本不用重谈课堂教学方法及改革。正因如此，S大学的许多教师在课堂教学方法改革上明显不够上心。更为严重的是，S大学的许多科研工作直接或间接地脱离了教学，偏离了教师从事研究的根本宗旨。尤其是，在部分大学教师看来，大学教师从事研究的出发点是为了得到经济的回报，这部分教师的这种观点对其他教师造成了很坏的影响，严重影响了其他教师钻研课堂教学方法的积极性。

反思：

"大学教学应体现教学与科研相结合的原则。"[①] 教而不研则浅，研而不教则空，高质量的教学离不开高质量的学术研究；同样地，高质量的学术研究也离不开高质量的教学。这是因为，教学与科研本是相互渗透、相互促进的。"一方面，因与知识前沿的难题搏斗兴致勃勃来到课堂的教师，能够为学生带来第二手材料绝不可能给予的某种东西；另一方面，对于一个探索真理的人来说，迫使他用可以理解的术语向一个聪慧的外行阐述他的发现，这是一种有益的训练。"[②] 在处理教学与科研的关系上，决不能厚此薄彼。诚然，大学教师从事相关教学工作是天经地义的，但与此同时，他们也都应该从事科学研究工作。这是因为"教师只有进行科学研究，才能根据自身亲历其境的科学实践来培养训练学生的科技才能，包括查阅资料、调查研究的工作方法和构思、计划、设计等思想方法以及良好的科学工作习惯和科学态度等"[③]。当今时代，要给学生"一杯水"，要求教师已不是"一桶水"，而是源源不断的"活水"，而科学研究正是这一"活水"的源头。

那么，究竟应该如何体现教学与科研相结合的原则呢？我以为，

---

① 潘懋元，王伟廉．高等教育学［M］．福州：福建教育出版社，1995：189.
② 布鲁贝克．高等教育哲学［M］．杭州：浙江教育出版社，2001：114.
③ 别敦荣．高等学校教学过程主体矛盾浅析［J］．有色金属高教研究，1996（1）：23-26.

学校的定位不同、教师的特点不同，所具体体现的情形应该是有差异的。

学校的定位不同，对教学与科研之关系的处理理应有别。不同的学校，应根据自身的特色进行一个准确的定位，不应盲目进行科研指标上的攀比。不同特色、不同档次的学校都会出现重点与非重点，美国的哈佛与麻省理工学院不就是一对很好的见证吗？在知识经济年代，各所大学应积极发挥自身的优势，不拘一格降人才。

教师的情况有异，在对待教学与科研的关系上亦应有别。例如，在进行职称、业绩评定时，应处理好教学指标与科研指标之间的关系。以教学为主与以科研为主的教师应有所不同。不少上基础课的教师就专注于教学，编的教材很有价值，但这些工作在业绩评定指标里所占的比重过小甚至有的被忽视掉。与科研岗位教师（主要指以科研为主的专业课教师）相比，评定这些基础课的教师若用同样的评定标准“一刀切”，他们的心理显然就不会平衡，而且，只追求科研的数量而不追求质量肯定会助长学术泡沫①。很显然，“搞好教学要付出大量的劳动，而其效益是无形的，很难具体衡量，科学研究的成果和收益则是非常具体的，也较易于衡量。如果不能合理地安排、科学地组织、正确地引导，如果在政策导向上出现偏差，就极易出现科学研究冲击教学工作的情况，影响甚至妨碍教学质量的提高”②。目前，“学科有一种为追求自身发展而专注于学术研究，逐渐淡化人才培养功能的倾向，尤其是与本科教育的联系逐渐疏远”③，如果最高的专业奖励是与学术成就和出版成果而不是与教学业绩和课程发表直接挂钩，如果业绩评定时重科研指标而淡化甚至忽视教学质量的指标，那么又有哪位教师因愿意承认自己是“不学无术”（针对目前大学教师过分注重科研而轻视教学的现象，有学者呼吁将教学也纳入学术的范畴）。而愿意在课堂教学方法上“动真格”呢？

① 西南交大网上公开教师学术业绩［EB/OL］.（2003-10-09）［2021-08-21］. http://zqb.cyol.com/content/2003-10/09/content_744753.htm.

② 姚启和. 高等教育管理学［M］. 武汉：华中理工大学出版社，2000：45.

③ 冯向东. 学科、专业建设与人才培养［J］. 高等教育研究，2002（3）：67-71.

当然，为教学需要而在实现研究理想方面有所牺牲，其意义并不是完全消极的。正如许多接受过访谈的教师所说，在教师本人从事的专门研究范围之外教一些基础课，可以帮教师自己开拓新的知识兴趣领域，防止教师自己停滞不前，促进科研工作的正常进行，至少可以鼓励教师比较广泛地阅读一些著作，使自己与本学科的总体发展齐步前进。重研究轻教学的现象既与思想观念的偏狭有关，也与学术评价的落后有关，现在一讲评价，为了所谓的客观性，想到的就是指标，看重的也是一些数量化的统计。人才培养是一项长期复杂集体性的活动，教学评价见仁见智，影响范围又极为有限，相比之下，研究评价容易指标化、数量化，容易在更广的范围内形成共识、产生影响。时下无论是教师评价，还是学校排名，大多重视数量化的研究指标，“数字主义”到了泛滥的地步。数字化的管理与浮躁的学风相生相伴，结果多了文化垃圾，少了精品力作，多了写字师傅；少了泰斗大师。有人调侃说，在现行数字化制度下，即使爱因斯坦恐怕也难保饭碗。论文的多少与一流成果之间，学术数量与学术质量之间不能简单地画等号，划时代的研究成果无法用多少篇论文来衡量①。另有一个关于教学名师的评定问题，也应处理好教学与科研之间的关系，否则后果不堪设想。S大学名师评定主要以科研指标优先的做法是有待商榷的。本书认为，教学名师的评定应主要以其教学情况为主要参考依据，其次才应该是其科研情况。因为，高水平的教学里本身就包含有高水平的学术指标在内，根本用不着为了体现教学内容的先进性而过分以教师的科研指标为主要的参考依据来评定教学名师，如果就连最能体现教师教学方法及技巧（其实教学技巧也应归结于教学方法的范畴，本书在此只是沿用习惯说法而已）的教学名师之类的评定活动也以教师的科研表现为优先考虑的话，那么高等教育岂不就会从一个极端走向另一个极端，而课堂教学方法岂不就可以从高等教育里淡出甚至剔除？

---

① 顾建民，董小燕. 美国高校的学术反思与学术评价［J］. 高等教育研究 2002（2）：100-104.

上文之所以对“坚持教学与科研相结合的原则”着力进行论述，主要是为了更好地表明，本书并不想否认大学研究的价值或反对大学教师活跃于学术舞台，而是希望引起人们对大学的某些角色和功能的关注与思考。以科研为主的教师要把科研与教学结合起来，结合学生讲自己的科研体会，以教学为主的教师也要作科学研究，光搞教学不搞科研则无法不断用新的理论来充实教学内容，也不能用新的见解来研究问题，更不能给学生在科学研究方法上以恰当的指导①。另外，我想借机表明的是，教学质量不易量化是事实，但它只是相对的，其实在国内外早就有类似如何评定教师教学质量的相关指标，只是还未全面推广而已。教师的教学质量虽然具有后发效应——即多数情况下只有等到学生未来参加工作之后才能完全知道，但不能以此为借口而在相关的教学评定中干脆放弃教学质量的指标。其实，学生在学校里的学习情况与其毕业后的工作与生活息息相关，并且前者会对后者产生不可低估的作用。因此，观察教师的课堂教学情况，对教师的课堂教学情况进行评定，是目前评价教师教学质量的一个很有价值且非常重要的途径，在无法知道其具体后发效应的情况下，通过评价教师的课堂教学的质量来取代教师的教学质量不失为一种“良策”。

尤为一提的是，“大学教学中的科学研究，不同于专门的科学研究，它含有教学的因素，服从于教学的终极目标，也就是说，这类科学研究的课题一般要反映培养人才的需要，科研过程必须与教学过程结合在一起，科研成果也必须向教学内容转化，科研条件也须同学校的专业、学科、人力及物力相适应”②。教师的科学研究主要还是应该为了提高教学质量，教师用自己的科研成果及时充实和更新教学内容，把自己的研究方法传授给学生，通过科研编写、修订有专业特色的教材供教学使用，同时把学生提出而暂时无法回答的疑难问题作为深入研究的课题。当然，坚持教学与科研相结合的原则并不意味着科研一定要直接为教学

① 潘懋元，王伟廉. 高等教育学［M］. 福州：福建教育出版社，1995：194.

② 李定仁. 大学教学原理与方法［M］. 北京：科学出版社，1994：108.

服务。因为“科研一定要直接为教学服务的观念与认识并不完全符合现代大学。很难想象一个只是开展与教学相关的研究的教师能做出原创性的科学研究，世界上的一流大学没有哪所大学只开展与教学相适应的科学研究，他们的科学研究在很大程度上是超越教学的，否则，我们无法解释许多诺贝尔奖获得者出自大学这一事实”①。

另外，与教学、科研紧紧联系在一起的还有一个产业的问题。在当前提倡学校教学——科研——生产相结合的模式下，S大学的许多科研工作直接或间接地脱离了教学转而与生产紧密地联系在一起，我认为，这种做法是不妥或值得商榷的，正如日本教育家永井道雄所说，当大学与企业结合得过于紧密，学术上又过于反映出实用性的时候，大学的创造性就会枯竭②。毋庸置疑，大学与其他社会机构的根本区别在于教学，在于以教学方式进行的高素质人才的培养活动，“学”在“产学研”（确切地说应为“学研产”）中居于基础和中心的地位，对“学”的强调是现代大学理念的根本要求，当然，本书毫无建议大学远离科研和产业而复归到原始的单一教学职能状态之意。在知识经济年代，如何正确处理教学、科研与产业三者之间的关系，以尽量避免教师因市场经济的影响而过分追求科研的经济效益，加大与教学相结合的科研力度，从而进一步提高广大任课教师钻研教学方法及其改革的意识与热情，确实是一个值得深思的问题。

现状2：教学评比过于形式化

S大学每学年或每学期虽然举办过一些教改评比、教学比赛以及名师讲课比赛等活动，但这些均只是局限于形式，没有真正形成教改的气候，更由于其中存在评比指标、评比方法与评比委员等不公正或不合理等弊端而严重地挫伤了某些教师锐意改革教学方法的积极性。

反思：

正确地开展教学评比活动对教学方法的改革具有明显的促进作用。

① 张应强. 制度创新与我国建设世界一流大学［J］. 现代大学教育，2001（4）：3-6.

② 大光. 永井道雄的高等教育思想［J］. 高教文摘，1991（5）.

为了深化教学改革，提高教师教学的热情，鼓励教师进行教学方法的创新，S大学开展了一系列的教学评比活动，可是，所有的这些评比活动都将教师的学术情况或科研指标放在一个优先的位置进行，有意或无意地淡化了教师的教学质量与教学方法方面的指标，而且参加教学评比的许多评委也不是本专业的内行（包括评价方面的专家与专业方面的专家），某些评委在评价过程中“上演”了一些“人情”情节，导致很多本已致力于教学改革的教师非常失望，严重挫伤了他们钻研课堂教学方法的积极性。

“人情”因素对教学评比的负面影响不易消除，但找几个内行评委以及制定一个相对公正的评定指标应该不是难事。在开展评比前让某些相关教学管理领导、评价方面的专家、教师代表以及学生代表一起组成一个“制定评定指标”的小组，根据S大学的具体实际情况（包括学校条件、科研实际、教学实际、教师实际以及学生实际等）制定一个比较合理的评定指标，在开展评比时由“制定评定指标”的小组成员以及相应学科的专家和临时观众一起进行评定，从而可以有效地保证评委的“内行型”与评定指标的合理性。

另外，S大学的某些教学评比活动仅拘泥于外在形式，主要表现在：相关领导的宣传力度不够，教师参加评比的热情不高；组织评比活动的准备不够充分，导致评比中的失误较明显；评比的次数过少且评比的时间过于固定；只关注到了教学内容与外在的课堂教学方法（即教学手段与教学形式）而忽视了课堂教学方法的内在实质。由于评比活动的形式化，没有形成真正的教学改革氛围，很多教师都只是注重了教学内容以及教学手段（教学方法的外在形式）的先进性而忽视了教学方法内在实质的先进性，因此不能从根本上调动教师钻研教学方法的积极性。

教学氛围对课堂教学方法具有“随风潜入夜，润物细无声”的影响。从某种角度上讲，对于教学氛围这种潜移默化的影响因素来说，由于它不易捕捉与控制，可能对课堂教学方法的影响会更大。S大学处于长江中游、江汉平原腹地——荆州，虽然从地势上说其所处地理位置不错，但若从学术的角度讲其所处地理位置则明显处于劣势。它的地理位置不在省会，其附近的高校及科研机构相对很少，致使S大学的学术气氛相对稀薄，教学氛围更不乐观。由于受到环境的影响，从整体上看，没有多少真正愿意在教学上“下功夫”或“动真格”的教师，即使有某些教师欲钻研课堂教学方法，可当看到周围同行在课堂教学上的漫不经心、敷衍了事的表现后，往往也会放弃初衷而随波逐流。

我当初刚上岗时也试过在教学方法上“下功夫”，生怕自己的教学方法不好而遭到非议，可当我发现周围的同事所讲的课不一定比我好但仍能逍遥自在时，我也就慢慢地放弃了最初的设想。(教师9)

由于教学氛围的缘故，S大学真正潜心于教学的教师确实不多，而潜心钻研教学方法的教师就更少了。

3. 教学激励制度不够完善

现状：岗位津贴与课时酬金分配不合理

S大学教师职称等级间的岗位津贴与课时酬金的“绝对”差距过大，在教师聘任制还不完善的情况下，一些教师尤其是年轻教师为了职称的升迁而投机取巧、挖空心思甚至不择手段，根本无心钻研教学方法。

> 我校岗位津贴和课时酬金是与职称挂钩的，只要职称上去就够了，其他一切都不重要。(教师6)
>
> 我当初刚进校时也有一颗教学进取心，也试着在教学方法上“下功夫”，自学过一些相关的教育学书籍，本打算在教学方法上进一步进行钻研，可后来我发现教学质量的好坏对自己的职称评定以及教学业绩等的评定根本没有影响，而且学校格外重视科研情况，因此我与其他教师一样放弃了在教学方法改革上的进取，除了应付学校特别提倡的“运用多媒体等现代化教学手段”的口号外，我既没有也不打算在教学方法上进行什么研究，除非学校哪一天确实注重了教师的教学质量。(教师15)

反思：

当前国内高校对教师的评价主要由两部分构成即科研与教学。因科学研究成果相较教学部分评价内容占有更大比重且更易量化——发表学术论文有期刊的影响因子和被引率，发表专著有专著级别，申报课题也有级别与金额等——导致高校教师中出现重科研轻教学的趋势。实际上，高校教师承担着科研与教学双重任务，教师的专业水平是由其教学水平与科研水平双重构成，因此应将教师教学能力作为教师录用的重要参考标准，而课堂教学方法的选择、运用与改革作为教学能力的重要构成部分也应当一并重视之。由于学术腐败的蔓延，有些人乘机利用大量的“文字垃圾”同时采用“偏方”获得了职称评定时所需要的学术指标（主要是公开发表的论文的数量）这一筹码。同时，教学管理部门也因为“人情”观念减免了某些教师在教学方面的指标。因此职称评定本身就具有相当多的不公正性，从而使得目前的教授并不一定比副教授的学术水平高，副教授并不比讲师绝对强，而讲师不一定比助教高明。显然，岗位的高低并不能绝对地代表教师的学术水平与教学水平，更不能代表教师的教学能力，因此岗位津贴明显不能绝对以职称的高低来定论。岗位津贴尚且不能绝对地以教师的职称高低来衡量，更何况课时酬金呢？课时酬金应主要看教师的教学效果而不应仅看教师的职称或学术水平，学术水平高、职称高并不等于他的课上得好，并不等于他的教学效果就好，伟大的科学家不一定能做一个好教师，著名数学家陈景润先生就是其中一例。如果一定绝对地以职称的高低来作为教师的岗位津贴和课时酬金的等级标准，无疑会增加教师的功利性，同时在职称评定或业绩评定时因没有一个硬性的标准来计量教学质量从而淡化甚至忽视教学质量的情形下，又有几位教师愿意在教学方法上“下功夫”呢？设想一下，在当今市场经济的年代里，又有几位教师愿意干那些“有功而不受禄”的事情呢？长此以往，教学方法及其改革岂不就会“灰飞烟灭”了？

课堂教学方法改革是人的实践活动，其行为的出发点与落脚点都是人，“人化”因素不可避免。在课堂教学方法改革过程中要通过相关规章制度的完善与执行逐步降低人为因素影响，提升管理者、教师以及其他参与者的课堂教学方法改革能力，尽可能做到专业人员做专业事情，改变由“外行领导内行”的局面。在教师评价过程中加大教师教学评价所占比重，将教师的教书育人能力放在教师评价的首位，重视教师课堂教学方法质量，使教师教学付出获得应有回报。强化教师师德评价包含个人品德、职业道德、政治素养等方面的考核，对师德不合格的教师采取一票否决制。进而让真正为教学方法改革付出的教师谋取福利，激发教师改革教学方法的信息与信念。

二、课堂教学方法改革管理层面的质性分析

教学物质条件主要指正常开展课堂教学所必需的各种资源，包含必要的人力、物力、财力，如课堂教学所需教学设备、教学设施、教学场所、教学经费、图书馆与实训基地等。课堂教学活动的开展离不开必要的教学物质资源支持，教学物质资源是教学活动正常开展的前提也是选择课堂教学方法的基础，要进行课堂教学方法改革应当首先完善必备的教学物质资源。

1. 班额过大难以进行教学方法改革

现状：在S大学所有的教学环境中，教学物质环境以及教学氛围存在的问题最为突出。在课堂观察中发现，上课时的班额（班级人数）通常较多（不少课时合班上课），班额超过50名学生的课堂十分普遍，不少课上的班额学生在100人以上，甚至有极少数课上学生人数在200人左右，大班额或超大班额的普遍存在，极大地限制了教师课堂教学方法选择的范围，无形中增大了课堂教学方法改革的难度。接受访谈的师生大多认为，课堂教学物质资源不足是影响课堂教学方法未能达到满意结果的重要原因。具体表现为：教学设施与设备落后或不足、图书设施与设备落后或不足、实验室设施与设备落后或不足、师资力量缺乏、师生关系疏远以及教学氛围不浓等。

反思：

课堂教学物质资源属于教学环境的范畴。教学环境是学校教学活动赖以进行的各种客观条件的综合，教学环境有广义与狭义之分。广义上的教学环境包括社会政治经济制度、科学技术发展水平、社区文化、家庭条件以及亲朋邻里等；狭义的教学环境是定向于学校教学活动而言

的，它主要指学校教学活动的时空条件、各种教学设备、校风班风、师生关系等[①]。本书所谈的教学环境主要指狭义的学校教学环境，此处重点阐述课堂教学物资资源这种特定的教学环境。

根据人格心理学和社会心理学中的“交互决定作用”假设，个体的行为是由其自身特点和所处环境特点共同决定的[②]，也就是说，个体的行为不仅受到自身因素的影响，而且也受到其所处环境因素的影响。与此类似，S大学教师的教学方法不仅受到自身因素的影响，而且还受到其所处环境因素的影响。由于“只有健康的教学环境才有健康的教学方法”[③]，因此，S大学在当前课堂教学物资资源明显不足的条件下，其课堂教学方法改革必然受到一定程度的限制，其改革成效明显会存在一定程度的不足。

教学设施与设备、图书设施与设备、实验设施与设备以及师资队伍都是一个学校教学的硬件，这些硬件的缺乏、不足与落后对教学显然会产生一定的影响，从而也自然就会影响到教师对课堂教学方法的选用及践行相应的课堂教学方法改革。随着高校逐年快速地扩招，S大学已有的教室、图书馆、实验室的空间以及师资队伍都明显相对不足，在科技进步速度加快，现代教育技术的进步日新月异的当下，S大学已有的教学设施设备、图书设施设备以及实验设施设备更加显得相对陈旧，这些都会直接或间接地对课堂教学方法改革产生不同程度的影响。

就拿教室的空间来讲吧，比如，以前每次只能同时容纳50个学生的教室现在突然要同时容纳100学生，这显然不可能。为了保证学生学业的正常完成，学校不得不尽力地增加教室的利用率，结果是，原本只需要白天开课，现在却因教室数量不够而不得不连晚上也要开课，原本只需平常日开课，现在却因教室数量不足而不得不需要在周末甚至节假

---

① ①黄甫全，王本陆. 现代教学论学程［M］. 北京：教育科学出版社，1998：578-579。

② PERVIN L A. Handbook of personality：theory and research［M］. New York：Guilford Press，1990.

③ 迈克·富兰. 变革的力量：透视教育改革［M］. 中央教科所、加拿大多伦多国际学院，译. 北京：教育科学出版社，2000：13.

日开课。因此，使得原本能在平常日开完的课时，现在不得不安排到周末或节假日开设，这样就自然而然会影响师生正常的休闲或处理其他事务的时间，于是师生对此就会显得不够满意，从而就会影响正常上课，进而影响课堂教学方法改革。

不仅教室空间不足对教学方法具有影响，而且教室现代化的程度对教师选用课堂教学方法及课堂教学方法改革的影响也非常明显。比如，一个教师在一个只有黑板与粉笔的教室里就不能使用自制的多媒体课件给学生上课，相应地，他就只能选用粉笔＋黑板＋教案＋嘴巴的模式给学生上课，毕竟巧妇难为无米之炊嘛！相对而言，让一个教师长期在一个现代化的教室里给学生上课，面对周围现代化的设备与设施，相信他固守粉笔＋黑板＋教案＋嘴巴的模式之日不会太久。

以上仅讨论了教室空间的不足以及教室现代化的程度对教学方法的影响，其实教学的其他设施与设备之不足与落后同样对课堂教学方法具有直接或间接的影响。比如，以前在教学过程使用录像、幻灯片觉得比较理想，而现在用投影、计算机的效果更理想，逐渐推广的网络教学更是令人倾心，这些设施与设备的不同，所选用的课堂教学方法自然也会有所不同。从教学实践看，与教学设施与设备比较起来，图书馆和实验室的设施与设备的不足对课堂教学方法的影响就更明显了。

> 上兔子解剖实验课时，以前一个教师指导二十多人做实验，而现在却是一个教师指导 30—40 人做实验；以前是 3 人一组解剖一只兔子，而现在却不得不 5 人一组解剖一只，可想而知，不仅教学效果要受到影响，而且教师的教学方法也会受到影响。(教师 14)
>
> 某教师为了某次讨论课而让学生到图书馆查阅相关的书籍，假如该种图书的馆藏只有 3 本，而 30—40 个学生都需要在相对同样的期限内参看这类图书，那么这显然就不大现实，无疑会给讨论课的正常进行带来阻力。(教务处副处长)

师资不足对课堂教学方法及改革的影响也相当明显。例如，以前一个班级只有二三十人，现在却增加到近四十人；以前一个教师每次只需给一个班级上课，而现在却因专业扩招而需要同时给两个甚至更多的班级上课。这样，教师不仅上课的压力大，而且批改作业的压力也大，因而，使得部分教师不会每次批改作业都相当认真，致使这些教师根本无法对全体学生的学习情况有清晰的了解，加之学生人数增多后，每个学生能够与教师直接交往及对话的平均时间相对减少了（因为教师的时间与精力有限），导致教师与学生的课堂交流不够充分，不仅影响了课堂教学效果，而且也影响了教师对课堂教学方法进行改革。

值得指出的是，师生之间因时间不够而不充分的交流，明显会危及师生关系。师生关系的好坏直接影响到教学方法的开展①。大学教师与学生的关系不是教育者与被教育者之间的关系，而是一种“共栖”的关系。在课堂教学过程中，学生因为教师的存在而获得了发展，同时教师在引导学生学习的过程中，自身能力也获得了提高。“没有教师就没有学生，同样没有学生也就没有教师，不仅学生应该‘尊师’，而且教师也应该‘尊生’”②。因此大学教师应该注重处理与学生的关系，同时学生也应重视与教师的交往。现代教育学与心理学的研究成果表明，教与学矛盾的解决，不仅取决于教师是否具有渊博的知识和先进的方法，更取决于教师能否迅速地缩短进而消除与学生之间的心理距离，使学生对教师形成信任感和亲切感，由此，S大学的教师必须超越固有的心理定式，真正树立起平等的观念，做学生之友，然后才能成为学生之师，唯有如此，教学才能达到事半功倍的效果。

2. 教育经费投入不足而使得教学方法改革难以顺利实施

现状：

S大学的教育经费（教育事业经费的简称）投入不足导致教师的引进不足，教学设施与设备、图书设施与设备以及实验室设施与设备都显得落后与不足。另外，实验或实践考试方法的改革也因教育经费的不足而受阻。而所有这些都对教学方法产生了明显的影响。

就拿考试来说吧，以前只要花费50元就可以完成的一次笔试。

① 契尔耶葛卓娃. 教师师德［M］. 上海：华东师大出版社，1982：75.

② 顾佩华. 教师节，我也给学生送礼物［J］. 江苏教育研究，2002（12）：64.

若要改成口试，则必须是一个一个学生进行或顶多也只能是几人一组进行，从而一次考试就变成了多次考试，无疑就会增加考试的费用，学校因为没有足够的经费开支，即使知道这样的考试方法深受欢迎但也无法长期支持。(教务处长)

反思：

近年来，S大学急剧扩招，导致其教育经费的投入显得相对不足。所谓教育经费“就是教育投资中用于教育事业的经常性经费，它包括人员经费以及公用经费两大类。”[①] 教育事业中的人员经费是保证教师队伍的劳动报酬，公用经费则是保证办学的必备条件。“公用经费的多少，直接影响着办学条件的改善，影响着教育质量的提高。”[②]

人员经费投入相对不足使得原本地理位置并无优势的S大学因无诱人的待遇而难以引进充足的新教师，从而导致整个学校的师资数量不足；公用经费投入相对不足而使得一些教学设施设备、实验设施设备以及图书设施设备的更换与补充存在着一定的难度，然而，这些恰是影响课堂教学方法及其改革不可忽视的因素。另外，由于公用经费投入的相对不足，使得用于课堂教学改革的经费过少，从而使得教师的定期培训、发展性教学评价的常规化以及相关的课堂教学方法及其改革（包括教师在课堂随机开展的教学评价）因经费的短缺而不能正常进行。

为此，S大学应该大力加强教育经费尤其是用于教学改革之公用经费的投入，为课堂教学方法改革提供一个坚实的经济支撑。

三、课堂教学方法改革师资层面的质性分析

教师是践行教学的主体与关键，既是践行教学方法改革的主要发动机，亦是引导学生改革学习方法的“重要他人”，可见，教师既可以成为教学方法改革的促进者，也可以成为教学方法改革的阻碍者。研究表明，S大学教学方法改革的诸多问题正是因为教师方面的原因造成的，

① 范先佐. 教育经济学［M］. 北京：人民教育出版社，1999：241.

② 范先佐 . 教育经济学［M］. 北京：人民教育出版社，1999：250.

主要体现如下。

1. 教学理念滞后

1）教师培训理念相对落后

从质性研究来看，S大学十分重视对年轻教师尤其是新入职的教师进行岗前培训而没有关注或很少关注在职教师的职后培训，注重抽象的教学理论知识培训而忽视了具体的教学教法培训；注重培训的形式而忽视培训的实质。

现状：

我校一般注重新入职的教师的岗前培训，教师的职后培训很少。(教务处副处长)

岗前培训的内容一般包括哪些内容？(作为访谈者的我们)

岗前培训主要学习高等教育学、大学生心理学、职业道德教育等科目（教务副处长语）

贵校的岗前培训结果是如何检测的？(作为访谈者的我们)

培训结束后进行一次开卷或闭卷考试。(教务处副处长)

考试中有不合格现象出现吗？(作为访谈者的我们)

如果严格说来是有的，但出于情感因素，我们并没有严格追究。(教务处副处长)

反思：

列宁曾经说过："没有革命的理论就没有革命的运动。"[①] 同样的，课堂教学方法的改革必须以课堂教学理论为指导，如果没有相应的课堂教学理论作为指导，课堂教学方法的改革只能是"空论"或"乱行"（指盲目的改革）。S大学的教师（教育学与心理学专业毕业的教师除外）几乎都是作为某一狭窄的专业领域的研究人员接受训练的，他们一般都对先进的教育理论、新的课堂教学方法知之甚少，很明显，由于大

① 列宁选集（第一卷）[M]. 北京：人民教育出版社，1962：241.

多数教师没有受过正规的教学培训，要他们摆脱传统的灌输式教学方法，发挥重视学生自主学习的指导作用，是一项十分困难的任务[①]。随着教师职业专业化发展，现代教学工作需要教师同时兼有过硬的学科专业知识以及相应的教育教学理论知识，两者缺一不可。因此，对教师加强教育科学知识尤其是教学法知识的培训是十分关键与必要的。

由于我国地方普通本科高校因高等教育迈进普及化阶段而“扩招”相对过快，导致师资相对缺乏，加之我国目前还没有专门培养大学教师的师范教育机构，因此，高校很难保证所有教师在上岗前就已具备比较系统的教育科学理论知识及教学法知识。不过，若提倡“内行治学”，可能就会促进相关教学管理者真正把好教师“入口”及其“岗前”与“在岗”培训“关”，从而相对提高教师的教育科学理论及教学法理论水平，进而有效降低教师在教学方法改革中的盲目性与盲从性。尤值一提的是，由于“先师效应”（即教师的先师对该教师本人的教法具有潜移默化的影响）的存在，对新教师进行培训时一定要把好“培训者”这一关，以免因为“培训者”这一“先师”的负效应而导致无法估量的后果。对于非师范毕业的教师而言，定期或不定期组织相关的教师参加“高等教育学”“大学教学论”以及“大学生心理学”这三门课的学习与考试是相当必要的[②]，对于S大学的非师范专业毕业的教师（包括部分师范学院毕业但没有系统学习过以上三门课的教师）来说，理应如此。

本书认为，培训是提高教师教育教学理论水平和教学研究能力的一条基本途径。S大学的教师只有通过“连续教育”“回归教育”“循环教育”等形式进行系统的培训，及时更新知识体系、优化自身的知识结构，才能使学校的课堂教学方法乃至课堂教学改革取得满意的成效。当然，要想从根本上解决S大学课堂教学方法及改革的现状，必须首先改革相关的教学管理体制，因为在教学改革过程中，体制改革是关键，它

① 克里斯托弗·K. 纳普尔，等. 高等教育与终身学习［M］. 徐辉，等译. 上海：华东师大出版社，2003：195.

② 夏燕. 谈课堂教学中的教与学［J］. 昆明冶金高等专科学校学报，2001（1）：48-51.

是教学改革能长期有效进行的保障。

2）重“教法改革”轻“学法改革”

过于注重教师“教法改革”而轻视“学法改革”，既是该校教师改革课堂教学方法的误区，又是该校教师教学理念滞后的主要表现之一。

现状：

课堂教学方法是指为了实现课堂教学目标，师生双方采用的各种手段与措施的总和，由教师的教法与学生的学法两部分构成。课堂教学方法改革不仅需要教师对“教”的方法进行改革，而且还需要学生对“学”的方法进行改革，只有“教”的方法改革与“学”的方法改革相协调，才能促进课堂教学方法改革顺利实施。质性研究表明，S大学的教师在改革教法的同时相对忽视学生课堂学习方法的改革指导。

> 我认为教师只要对个人的课堂教学方法进行科学规划，认真落实，那么学生在教师的引导下必然会自己进行学习方法地调整，不需要额外花费时间对学生学习方法进行指导。（教师 14）
>
> 我知道学生学习方法很重要，学习的好坏很大程度上取决于学生学习方法的优劣，但是学习方法更多的是要靠学生自己领悟的，旁人是难以教会的，所以我仅仅是偶尔对少数学生进行简单指导，基本上还是需要学生自己。（教师 11）

反思：

课堂教学方法改革犹如一辆马车的前后双轮，其中课堂教学方法改革是前轮，课堂学习方法改革是后轮，前轮控制方向，后轮提供前进动力。在课堂教学方法改革过程中，教师课堂教学方法改革为学生课堂学习方法改革提供了方向，而学生课堂学习方法改革为教师课堂教学方法改革提供驱动力。抓教师“教法”的改革，在很大程度上就是抓住了改革的方向；抓学生“学法”改革，在很大程度上就是抓住了改革的动力。为此，在课堂教学改革过程中，一方面应该要求教师认真研究学生学习心理与学习规律，通过课堂教学活动了解学生个人的性格特点，选择最适宜学生的学习方法并指导学生基于个人特点掌握或改造各种学习方法与学习技能；另一方面，注重引导学生改革课堂学习方法时以教师的课堂“教法”改革为前提，结合自身实际情况改革课堂学习方法以之配合教师的课堂“教法”改革，从而使教师的课堂“教法”改革与学生的课堂“学法”改革有机协调并形成合力，从而更大限度地有效推动课堂教学方法改革的进行。

3）对“课堂教学方法”的理解肤浅化

概念是思维的起点，是形成理论体系的基本单元，对于概念理解不透，则形塑的个性化理论就会相应偏颇，从而在实践过程中就难免失误或失败。从质性研究结果来看，该校教师对高校课堂教学方法这一概念的理解显然不够透彻。主要体现如下。

现状：广大教师对高校课堂教学方法的理解层次不一致

课堂教学方法就是教师在上课过程中所运用的方法。（教师 7）

课堂教学方法就是为了达到一定的教学目标，教师在课堂教学过程中所使用的手段与采取的途径。（教师 9）

课堂教学方法就是教师在课堂教学过程中所采用的一些具体方法与策略。（教师 2）

课堂教学方法就是教师从某一教学思想出发，在课堂教学过程中所采用的方法与途径，在当前，多媒体等现代教学手段是一种很重要的课堂教学方法。（教师 13）

课堂教学方法是为了达到一定的教学目标，教师在上课时所采用的方法。（教师 3）

我认为课堂教学方法就是教师在课堂上的教学方法。我没有系统地学过教育学与心理学，更没有钻研过教学教法，我对课堂教学方法的理解只是感性的。（教师 10）

反思：

课堂教学方法在本质上具有层次性。从具体到抽象，分为原理性教学方法、技术性教学方法以及操作性教学方法三个层次①。其中，原理

① 黄甫全. 关于教学、课程等几个术语含义的中外比较辨析 [J]. 课程 · 教材 · 教法，1993 (7)：54-57.

性教学方法是解决教学规律、教学哲学思想、新教学理论观念与学校教学实践间的连接问题，是教学意识在教学实践中方法化的结果，不具有固定的程序和步骤，它不能直接运用到各科具体教学的设计和实施中，但它通过影响教学主体的思想、观念而渗透到各科具体教学的设计和实施之中，它为各种具体教学方法提供理论指导，具有原理性；技术性教学方法上接受原理性教学方法的指导，下与学校不同科目的教学内容相结合构成操作性教学方法，起着中介的作用；而操作性教学方法是学校不同科目各自具有的特殊且具体的教学方法，每一种方法只适用于特定的科目教学中，具有与各科目的教学内容相结合、基本固定的程序和方式的特点①。一般来说，具有比较系统的教育理论知识的人士更关注原理性教学方法一些，他们不仅仅关注教学方法的外在行为，更关注教学方法的内在指导思想；而缺乏系统的教育理论知识的实践工作者却更关注技术性或操作性的教学方法，他们很少甚至没有关心到教学方法的内在指导思想而更多或完全地关注教学方法的手段以及形式等外在行为。

由于S大学的绝大多数教师是非师范专业毕业，同时他们中的绝大多数人也没有比较系统地学习（包括培训以及自学等）有关教学的理论知识尤其是教学法的相关理论，因此他们对课堂教学方法存在着不同层次的理解，从而就出现了对目前高校课堂教学方法及其改革现状的不同认识以及在课堂教学方法改革过程中相应采取了不同的应对策略。那些处于“操作性教学方法”层面以及一部分处于“技术性教学方法”层面的人因为看到了当前教学方法在手段、形式等外在行为上发生了较大的改善，因而他们就认为现在的课堂教学方法与传统的课堂教学方法存在着很大的区别，从而认为课堂教学方法改革取得了较大的成就，相应地，他们主要追求的是教学方式、教学手段、教学环境等与教学方法改革密切相关的一些外在因素的完善与改革；而那些处于“原理性教学方法”层面以及极少数处于技术性教学方法层面的人因为更注重课堂教学方法的指导思想之类的内在层次，当他们发现目前的课堂教学方法在教

① 黄甫全，王本陆. 现代教学论学程［M］. 北京：教育科学出版社，1998：254-255.

学思想等深层次上并未发生质的区别时自然就会认为目前的教学方法与传统的教学方法没有本质的区别，从而对当前高校本科课堂教学方法的改革持不乐观的态度，相应地，他们在课堂教学改革的过程中更关心课堂教学方法的内在因素的改革。

4）对课堂教学目标与课堂教学方法之间的关系缺乏深入认识

现状：S大学的教师基本上都能充分认识到课堂教学目标是影响教学方法乃至教学方法改革的一个重要因素，并且大都认为，针对不同的教学目标应采用不同的教学方法。因此，他们在教学指导或教学过程中分别采取了相应有效的策略。不过，也有极少数教师没有意识到这一点，他们在教学过程中抛开具体教学目标的不同而采用单一的说教式或自学指导式的教学方法，此举令学生非常反感，自然也就很难谈什么教学效果了。

我很少研究课程大纲，很少思考课堂教学目标与课堂教学方法之间的关系是什么，我认为只要完成了拟定的课堂教学目标就可以了。（教师 6）

我从未接受师范类的教育与培训，我从博士后流动站毕业后直接来到高校，之前从未有过教学经历与体验，虽然感性上意识到了课堂教学目标与课堂教学方法之间存在某种关系，但从未对此进行深入思考过。（教师 2）

据我了解，没有几个老师会深入思考课堂教学目标和课堂教学方法之间的关系，这是因为，在我们眼里，这是教育学专业的老师思考的问题，对于一般老师来说，即使是做教研项目需要考虑这两者的关系，通常也不会对其进行深入思考。（教师 12）

反思：

要真正准确地把握课堂教学目标与课堂教学方法之间的关系，必须首先弄清楚什么是教学目标。在我国教育界的专业术语中，“教学目标”的使用比较混乱，容易与教育目的以及培养目标等相关概念混淆。教育目的是对各级各类学校教育的总的规定和要求，具有高度的概括性与抽象性。培养目标是各级各类学校根据教育目的的制定，符合一定社会需要的具体的要求，它是具体化了教育目的。而“教学目标”是学生通过教学活动后要达到的预期学习结果[①]。教学目标是学校培养目标的具体化，它是由知识、智能、思想品德、心理品质、身体素质等因素的发展要求构成的，这些因素统一于人的发展，在其形成与发展的过程中，既有共同的规律，又有各自特殊的规律，因此在教学中要实现这些目标，须根据不同的教学目标选择不同的教学方法[②]。在所有制约选择教学方法的内部因素中，教学目标是最重要的因素，亦即一种教学方法是否合适，最主要的衡量标准就是看这种方法对于达到教学目标是否起到应有的作用[③]。例如，如果教学目标主要是要培养学生某种实验操作能力时，那么，实验法显然比单纯的讲授法更有利于达到教学目标。不过，在高等学校的课堂教学中，为达到一个教学目标，往往需要几种教学方法的相互配合或优化组合，并且有时需要通过几个步骤或几条途径才能达到。

5）对课堂教学内容与课堂教学方法之间的关系缺乏足够认识

现状：在处理教学内容与教学方法的关系问题上，S大学的教师过分注重教学内容及其改革而淡化教学方法及其改革，有重教学内容而轻教学方法的倾向。在质性研究中发现，该校教师一致认为教学内容是教学乃至教学改革中的核心成分，并且教学改革应将教学内容的改革放在首位。与此相应的是，该校针对自身的特点开发了一些新的课程与教材，并且派送相关教师外出进修新的课程知识体系以充实教学内容与更新教学内容，同时也取得了可观的成绩。某些教师为了过于追求教学内容的新奇而在上课的过程中根本不注重知识体系的完整性与逻辑性，甚至他们有时上课时的讲授内容主要是自己近期的研究课题，很多内容既零碎且脱离了教学大纲，对此，许多学生怨声载道。

有几位老师给我们上课时，专门讲一些与课本相差较远但似乎

① 黄甫全，王本陆．现代教学论学程［M］．北京：教育科学出版社，1998：141-142.

② 潘懋元．新编高等教育学［M］．北京：北京师范大学出版社，1996：436.

③ 潘懋元，王伟廉．高等教育学［M］．福州：福建教育出版社，1995：209.

又与课本上的内容有一点联系的东西，据说他们所讲的内容大多是其近期正在研究的课题，有些知识还在探讨过程中，根本没有形成定论。给我们讲的一些未定论的东西太多，而且所讲的知识连贯性不大，导致我们对课本上的知识丧失了应有的兴趣，我们能理解教师是想扩大我们的知识视野，但在我们连课本上的一些基本概念、基本原理都没有搞清楚的前提下，我们实在无法接受教师讲授的内容。(学生 12)

我们感觉我们专业课的老师在课堂上都很在乎专业知识的讲授，但很少询问我们是否满意他们的课堂讲授法。说实话，很少有老师真正将我们当成课堂的主人。(学生 1)

有些教师在讲课时所教授的内容大多是其近期发表的学术论文或近期正在研究的课题，他们以扩大学生的知识面为借口，让人不得不怀疑他根本没有认真备课或者他出于一己私利想利用上课的时间来搞研究。对此，学生也向我们教务部门反映过，我们也委婉地劝诫过，但基于教学内容与课程体系改革的大背景以及人情观念等因素，我们也没有采取什么过硬的措施来制止这类现象的发生。(教务处处长)

反思：

教学内容是指“学校传授给学生的知识、技能、技巧、思想、观点、信念、言语、行为与习惯的总和。”① 教学内容是由教学计划、教学大纲和教材等几种形式体现出来的②，是教师借以促进学生身心全面发展的中介与桥梁。

高等学校的教学内容具有鲜明的特点。首先，高等学校是精研高深学问的场所，它所传授的内容是能够反映科学技术最新发展的专门知识系统；其次，高等教育是专门化教育，学生毕业后就要在某一领域从事实际工作，因此，其教学内容与社会生产、社会发展联系密切，而且，

---

① 顾明远．教育大辞典［M］．上海：上海教育出版社，1990：257-258.

② 潘懋元．新编高等教育学［M］．北京：北京师范大学出版社，1996：349.

对这些实际问题的理论分析也进一步加强了；第三，由于学生的认知能力大大提高，留给学生自己学习与思考的时间与空间就更多了。

根据高校教学内容应有的特点，本书认为，高校本科课堂教学内容应该做到：既不脱离教材又必须高于教材（课堂教学内容应该处于学生的最近发展区，让学生有跳一跳才能摘到桃子的感觉），不仅需要关注学科前沿，而且还要注重开发校本课程。因此，它要求教师在备课时应该具有一定的创造性，恰如其分地将“法定课程”变成“师定课程”以及适合学生发展的“生定课程”[①]，同时补充一些相关的新成果。诚然，强调在课堂教学过程中增加一些新的知识内容以及关注学科的相关前沿成果，并不意味着可以忽视基本知识的系统教学，相反，适当提高课堂教学内容以及关注学科前沿与加强基础知识的课堂教学是完全统一的。比如，物理学界即使有了爱因斯坦的相对论，也不能淘汰牛顿的力学理论。在课堂教学过程中，决不能因为追求课堂教学内容的新奇而全然不注重知识体系的完整性与逻辑性，从而使课堂教学内容既零碎且脱离教材甚至教学大纲。

教学有法，但无定法。不同的学科、同一学科的不同内容，认识的规律会有所不同，因此，必须根据这些规律采用不同的课堂教学方法，而且学科之间、内容之间不同的关系也需要采用不同的教学方法来传授。

目前，S大学重教学内容及其改革而轻教学方法及其改革的主要原因在于：第一，S大学的教师普遍没有摆正教学内容与教学方法的关系。他们普遍认为，先有教学内容尔后才有教学方法，教学内容与教学方法相比，前者显得更重要些，因而，他们在具体实际工作中明显地表现出了过分重视教学内容而淡化教学方法的倾向；第二，S大学的不少教师对课堂教学方法的重要性之认识普遍存在不足。不少教师认为课堂教学方法是“小儿科”，不值得他们去重视、去研究，因而，他们更愿意关注教学内容及其改革而忽视或淡化教学方法及其改革；第三，S大

① 周艳，马勇．教师重构课程的社会学分析［J］．高等教育研究，2003（1）．

学相关教学管理制度存在一定的缺陷。一方面，由于存在重科研轻教学的倾向，以及某些领导者相对过分地提倡教学内容的改革与相关知识的前沿性，使得很多教师忽视了基础知识的讲授，他们更多地愿意以科研的成果来补充教学内容；另一方面，教师的科研成果可以为其职称评定、业绩评定以及扩大自己的知名度等带来好处，而教学质量一直因为没有严格的量化指标等原因而在各项评定时被忽视或淡化，因此，广大教师尤其是年轻教师的科研热情普遍很高，而真正愿意在教学上下功夫、在教学方法上动真格的教师却相对很少。毫不讳言地说，为了敷衍高校教学方法改革的要求，很多教师竞相致力于改革教学手段等外在形式的教学方法，比如制作新课件、采用多媒体手段进行课堂教学等。

其实，课堂教学内容与课堂教学方法之间谁重谁轻是相对的。一般来说，先有教学内容尔后才有教学方法，教学内容比教学方法相对重要些，但不能将这一观点绝对化，更不能极端化。尤其地，在当今知识量暴增、信息化加速的新经济时代，教学方法的重要性相对显得更加突出些。教学什么即教学内容，怎么教学即教学方法。掌握教学内容固然重要，但教学方法也不能忽视。如果不讲究教学方法，教师纵然有源源不断的输出，学生却没有多少输入。教师在给学生“倒水”时务必处处留心“开源”，开学生“认识之源”“思维之源”“领悟之源”“探索之源”，让学生即使离开了老师仍能长饮百溪，汇成江河，像清风明月那样取之不尽，用之不竭。为了让学生学得好、记得牢、用得活，就要内容与方法双管齐下，只有这样，讲课才能从容不迫，挥洒自如，得心应手，从而最大限度地提高教学内容的转化率，收到事半功倍的效果。

研究表明，“教学方法改革的推进比起教学内容和课程体系的改革来更困难，而且专业改革与课程改革的许多成果以及教学思想改革的许多成果欲要显现出来，没有教学方法的相应改革是不可能充分实现的”①。因此，在课堂教学改革的过程中，对课堂教学方法及其改革更

① 张楚廷. 大学教学学［M］. 长沙：湖南师范大学出版社，2002：371.

应倍加重视。课堂教学方法的改革与课堂教学内容的改革是相结合的，新的课堂教学方法的实施，要求教师必须对其所教课堂内容有更加整体和全局性的把握，同时，课堂教学方法的选择与运用受到课堂教学内容的影响与制约。

因此，教师在课堂教学过程中一定要正确处理课堂教学内容与课堂教学方法之间的关系，在坚持理论内容与思想方法两者兼顾的基础上充分认识教学方法及其改革的重要性，在传授学生知识的同时，一定要重视指导学生如何学习，不仅要让学生理解、懂得所教授的知识，更应让学生发展如何运用所学的理论知识去解决实际问题的能力，因为“知识”其实不能单独成为力量，而必须加上“能力”后方能成为力量。

2. 教学经验缺乏

现状 1：质性研究表明，S 大学的教师普遍缺乏必要的教学理论知识，尤其是缺乏教学经验。

刚毕业的年轻教师只是将自己在学校里学的一点东西加上备课时临时找来的一点东西教给学生罢了，哪里还顾得上如何选用教学方法？（教务处处长）

只要肚皮里有货就能教好学生，哪里还讲什么教学法？（教师 7）

我在岗前培训时接受过高等教育理论与方法的培训，不过，由于培训时间短，加之当时对培训的意义理解不够，因而掌握的教学知识相当缺乏，使得上课时很难有自己的教学思想。（教师 12）

我认为自己上课很用心，但不知道怎么回事，感觉学生总是难以理解我上课的内容，每次课堂提问时，很少有学生能够圆满回答我提的问题，估计是我缺乏如何教学的知识吧。（教师 14）

我们发现大学里不少老师的讲课水平还没有我们高中时代老师的讲课水平高，可能原因是，大学老师接受过的教学法培训不够，而高中的老师大多在师范期间接受过足够的教育训练吧。（学生 3）

反思：

S 大学的绝大多数教师是非师范专业毕业，也没有参加过教学实习，更没有得到较强的教学理论的培训，同时也不完全明确教学的使命与教学的理念，因而“教师化”不够，哪里还顾得上讲究什么课堂教学方法？甚至有些教师以为大学教师只要肚皮里有货，不愁教不好学生，根本就不屑于讲究课堂教学方法。

现状 2：对课堂教学方法的认识较为肤浅

质性研究表明，S 大学本科的课堂教学比较单调与死板，仍然以传统的注入式讲授法为主旋律，不过，S 大学的绝大多数教师现在已经开始意识到教会学生知识的同时更应教会学生学习方法的重要价值，而且有少部分教师在教学过程中开始重视学生学习方法的培养与研究。虽然一块黑板、一本书、一支粉笔、一张嘴的课堂教学仍在延续，但多媒体等现代化教学手段已经广泛地引入了课堂教学之中。令人遗憾的是，教师们普遍仅局限于教学手段等外在形式的改革而对教学方法改革的内在实质关注不够。其最为突出的表现是，不少教师用最先进的多媒体教学手段对学生进行立体化、全方位的“满堂灌”。很多教师片面地以为使用了多媒体等现代化的教学手段，就是进行了教学方法改革。另外，有些教师在课堂上几乎不讲多少专业知识，而一味强调让学生自学，他们以为这样做就是发挥学生的主体性，这样做就是教学方法改革，并且以为教师讲授知识就否定了学生的主体作用。比如，在课堂观察中，我们发现，教师 9 在连续三节计算机课上只讲过这样一句话：“请大家将课本翻到第 30 页，然后各自对着课本上的说明进行练习。”课后，我们专门与教师进行了交流。

为什么连如此简单的计算机操作步骤却要花费学生三节课的时间去实践呢？何况学生集中上课的时间有限，对于这样简单的练习若稍加指点，教学效率不是更高吗？（作为访谈者的我们）

计算机是一门实践性很强的学科，必须发挥学生学习的主动性，如果这些东西都要讲的话，那么怎样才能体现课堂教学中学生的主体性呢？难道这样做不算是课堂教学方法改革吗？（教师 9）

课堂教学方法改革就是让老师尽量少讲而让学生多讲吧？（教师 5）

运用多媒体教师就是改革课堂教学方法吧?(教师8)

我现在上课时讲得不多，一般只讲30分钟，通常留15分让学生自学或者提问，我认为我所做的就是课堂教学方法改革。(教师10)

反思：

在探讨课堂教学与教学方法之间的关系时，必须首先弄清什么是课堂教学?“课堂教学”是班级授课制（以固定的班级为组织，把年龄大致相同的一群学生编成一个班级，由教师按照固定的课程表和统一进度，主要以课堂讲授的方式，分科对学生进行教育的组织形式）的基本形式，也是现代学校教学的基本组织形式，学校课程与教学任务主要是通过它来完成的。[①] 课堂教学是相对课外教学与现场教学来说的，其具体形式大致有全班上课、班内分组教学以及班内个别教学等三种。

目前，多媒体等现代化教学手段在课堂教学中已越来越受到了重视，它是现代教学改革中的一个比较重要的组成部分，但它毕竟只是一种教学手段，教学方法的改革不能仅仅停留在教学手段等外在的改革上。目前对于教学方法的改革，很多教师因为没有其他更好的办法而不得不停留在教学手段的改革上，由于多媒体等现代教学技术的发展，它自然被认为是一个很重要的改革手段，因此很多教师在教学方法的改革上就过分依赖于多媒体等外在的教学手段的改革。但是，多媒体等教学手段的使用只是教学方法改革的外部形式，事实上，多媒体教学等手段还有许多的不足之处[②]，比如，它因不能直接提供或减少了师生进行心灵沟通的机会而至少缺乏或淡化了教学中的人文关怀。因此，在课堂教学过程中，更应该抓住多媒体等现代教学技术手段之“神”而不是之“形”。

值得指出的是，在质性研究中发现，有些教师走向了课堂教学方法

---

① 黄甫全. 课程与教学论［M］. 北京：高等教育出版社，2002：498.

② 布鲁贝克. 高等教育哲学［M］. 王承绪，等译. 杭州：浙江教育出版社，1987：102-103.

改革的另一个极端，比如，他们在课堂教学过程中相当抵触讲授法，有些教师甚至干脆放弃了讲授法，他们以为讲授法就是传统的教学方法，其实这种观点是不完全正确的。这是因为，讲授法中也可有启发式的思想贯穿于其中，我们千万不要在倒洗澡水的时候连同浴盆里的婴儿也一起倒掉了。

部分教师之所以在课堂教学方法改革上如此走极端的原因在于，他们还没有真正领悟讲授法的实质。其实，"一个教师的教学方法好不好，首先就看他的讲授法运用得好不好，更明确一些说：就看他用什么方法进行讲授"[①]。在教学过程中，教师秉承社会的意志，负责教学的方向、内容及规格等，有计划、有目的地实施教学，在教学中起主导作用，但教是为了学，教师在教学进度与教学方法等问题上就要根据学生的实际情况来决定。教师要发挥学生的主动作用，要调动学生的学习积极性，不仅要以提问、讨论、实验、练习以及考试等多种形式来反馈教学信息，自觉调整自己的教学活动，而且要有意识地积极组织学生直接参与教学过程，让学生给自己提建议、出主意，并且把这些意见或建议作为教学工作的客观依据。当代科学知识既高度分化又高度综合，即使有了先进的多媒体网络等教学手段，但要想让学生尽快看到并掌握教材之外更广阔的知识天地，教师的讲授不仅是不可少的，而且有时还会是主要的和基本的。在大学教学过程中，教师的主导作用应该着重于指点方向、指导自学，更多在"道而弗牵、开而弗达"上下功夫，第斯多惠有句名言：不好的教师传授真理，好的教师是引导学生发现真理[②]。另外，在运用讲授法时有一个深入浅出的问题。所谓深入，就是演绎与归纳的合理和反复运用，联想、类比与逻辑论证的合理和反复运用，而浅出就是对于抽象的概念、深邃的理论以及繁难的技巧能利用相对浅显的内容为起点，采用通俗易懂的办法，引导学生达到较高程度的认识。深入是一个结果也是一个过程，浅出不是肤浅，浅出是深入之后的水到渠

① 张楚廷．大学教学学［M］．长沙：湖南师范大学出版社，2002：340.

② 潘懋元，王伟廉．高等教育学［M］．福州：福建教育出版社，1995：228.

成，不深入便不会浅出[①]。要做到这一点，诀窍就是讲课时不能现备现讲，要做到需要准备才能讲的不要讲，不需要准备就能讲的才讲，只有真正掌握了自己所要讲的课程的全部内容，才能用自己的话讲课。就像人们平时讲话一样，随口就可以说出，才能做到少而精，才能做到深入浅出。

另外，不少教师以为教师在课堂上讲多了就否定了学生的主体作用，其实这种说法不完全正确。评价一个教师的讲授是否适当，不能仅看他讲得多与少，关键要看他是如何讲的、在什么时候讲的。当选准了教学内容的突破口时，教师言简意赅的讲解往往能提纲挈领，使学生驾驭全部内容；当学生“提问不能回答、指点不能开窍”的时候，教师的精讲往往能拨云去雾，使学生终生难忘；当学生对问题的理解还很肤浅的时候，教师对问题的本质及其规律画龙点睛的讲解，往往能“一语破的”，使学习事半功倍。

在课堂教学过程中，不仅要注重教学方法的选择与运用，而且要尽力沟通书本知识与现实生活和实际工作之间的联系，促进学生在将存在于书本中的知识变为存在于自己头脑中的知识之时，促进学生提高应用专业知识的实际能力。值得指出的是，“只有当学生掌握了基本理论，联系实际才具有教学上的意义，否则就会产生以实际代替理论的错误”[②]。而且什么教材联系什么实际，必须根据各门学科的特点并从教材内容中有机地引申出来，不应牵强附会，离题太远，同时所联系的实际必须是典型的、重要的，避免过于烦琐，占用过多的教学时间去描述实际事物。

当然，在课堂教学中，还必须处理好学生掌握知识与发展智能关系的问题，切不可因过分重视智能的发展而忽视了基本知识的掌握，因为学生的智能要在掌握知识的基础上才能得到发展，正如列宁所说：“我

---

① 张楚廷. 大学教学学［M］. 长沙：湖南师范大学出版社，2002：328-329.

② 潘懋元. 新编高等教育学［M］. 北京：北京师范大学出版社，1996：327.

们需要用基本事实的知识来发展和增进每个学习者的思考力。”[①] 没有基本的知识，智能的发展就会成为无源之水，无本之木。

最后，还有一个如何把握课堂教学中学生非智力因素的影响，即如何使用教学艺术以充分调动学生听课的兴趣与思维的积极性的问题。所谓“教学艺术”，是对教学的艺术掌握，即从艺术的角度对教学的艺术属性的理解及据此发展起来的艺术的教学方式、方法、手段以及形式等[②]。现代教学思想十分重视非智力心理因素在课堂教学中的作用，特别是大学里的课堂教学，信息密度大，内容高度抽象，更要求教师努力发掘学科本身的理论魅力去激发学生的求知欲，并把这种求知欲变为顽强思考的毅力。如果教师在课堂教学中忽视学生的非智力因素、不注意激励学生的情感力量，那么就会把课讲得很“灰白”，很乏味，从而间接地限制了教学效果。以三节同样内容——“微分的概念”的导入课为例，教师 2 与教师 15 在课堂上都是先直接写出定义，而对微分这一概念在什么背景下产生，以及它在数学中究竟居于什么地位，在科学技术上的用处何在等话题很少提及；然后两位老师都清晰地分析了微分与函数增量的关系，微分与导数的关系以及什么叫函数增量的线形主部，哪一部分是高阶无穷小，在自变量增量趋近于零时可以忽略不计等等。遗憾的是，学生们在这两位老师的课堂上却是无精打采地听，教学效果显然不会理想。与前两位教师相比，教师 7 在讲授微分的概念时，充分关注了学生的非智力因素对教学效果的影响，其教学方法令学生很满意。教师 7 导入“微分”这一概念的教学过程如下：

教师：（上课铃响过后，同学们安静了下来，老师走上讲台……）：sin30°等于多少？

学生：（显得很惊讶，同时流露出复杂的微笑。）等于 0.5。

教师：（微笑了一下）那么 sin31°呢？

学生：（不屑一顾的样子）查正弦函数表不就知道了。

① 列宁选集［M］. 北京：人民教育出版社，1972：348.

② 黄甫全，王本陆. 现代教学论学程［M］. 北京：教育科学出版社，1998：364.

老师：（收起笑容）你说得不错，但正弦函数表是怎样得来的？

学生：（哑然片刻）应该是通过计算得来的。

教师：（用食指往地下指了一下）对，但是它是怎样计算出来的呢？

学生：（沉默一会儿后，用一种期盼的眼光看着老师）不知道。

老师：（试探性地问）我们可不可以通过 sin30°的值来推算 sin31°的值呢？（整个教室鸦雀无声，全班进入一种思索状态。）

老师：（打开自作的多媒体课件）请大家看投影屏幕上的这张图，能否根据自变量的增量△x（=1°）来求得正弦函数的增量？

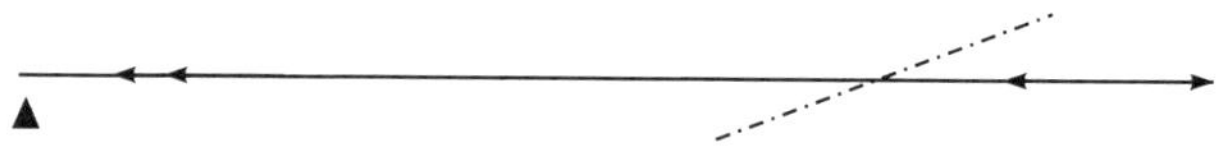

学生：（思索片刻后）不能。因为正弦函数不是一个线形函数（即正弦函数的图像是曲线而不是直线）。

教师：（微笑了一下）如果是一个线形函数呢？

学生：（纳闷片刻后小声回答）那就很简单了；不过有什么办法让它成为一个线形函数呢？

教师：（爽朗地笑了一声）这就是我们今天这堂课所要学的内容——微分。

教师 7 就是通过以上的方式导入了微分的概念，从而使其课堂教学收到了意想不到的效果。

我们很喜欢王老师（教师 7）上课，他虽然年龄不大，但感觉他蛮会讲课，他讲课的时候，总是能够不断引发我们思考相关问题，做到所谓的循序渐进吧！尤其是，他每次上课时总是充满微笑，哈哈！让我们不想听他的课都不好意思。（学生 7）

本书认为，在教学过程中，教与学是一个矛盾的两个方面，他们处于同一个矛盾的统一体中，两者相互影响、相互制约。从根本上说，学是教学活动的目的和归宿，属于矛盾的主要方面，教是达到学的目的的手段，是走向归宿的过程，是为学服务的。因此，无论我们采用何种教学方法，其目的都是为了培养学生主动学习的意识和能力，达到“教是为了不教”的境界，从而使学生得到最大限度的发展。苏霍姆林斯基认为，大学生的科研工作是教学过程的继续和深入①，因此在教学过程中，教师应逐渐将科学研究的方法引入具体的教学之中，让学生参与研究问题的讨论，让学生参与研究过程，让学生成为研究群体中的一部分，从而让学生形成以研究为基础的学习方式开展学习，进而为培养创造性人才打好坚实的基础。知识爆炸要求每一个人学会迅速从大量信息中筛选和获取所需信息，因此，在课堂教学过程中一定要运用多种教学方法（包括教学手段）让学生接触更多的信息，以便学生能在更短的时间内掌握最多的知识、形成更强的能力。当然，给学生提供更多的信息并不等于给学生灌输更多的知识，因为提供信息是希望学生主动去学习，而灌输知识是一种让学生被动接受的学习方式。教师切记不要给学生“灌”得太饱，因为“灌”得太饱可能会使学生倒了胃口，从而什么都不想吃了。反之，若教师不给学生“灌”得太饱，学生也许会主动找东西吃，这也就是大学教学中提倡教学内容要少而精的理由。

四、学生层面的质性分析

教学的本质是教师引导学生进行学习，教师的教是为了学生更好地学。显然，学生不是被动的知识接受者，而是学习的主体，在课堂教学方法改革的过程中，学生扮演着极为重要的主体角色，学生课堂学习方法明显影响教师的课堂教学方法。为此，在探讨课堂教学方法改革问题时，必须关注学生课堂学习方法的改革。质性研究发现，S大学的课堂教学方法改革不尽如人意的原因，明显与学生的课堂学习状况有关。主要表现如下。

① 董永江. 研究性学习方法探析［J］. 南都学坛，2000（4）：113-114.

1. 学习动力疲软

1）因学分制不完善而导致学生学习动机疲软

现状：目前，S大学根据自身的实际情况采用了学年学分制，但S大学的学年学分制与以往采用的学年制相比，除了在选课制度上稍微有一点不同外，其他方面的具体管理模式与过去的学年制区别不大。主要表现在，必修课的比例过大，必选课的比例过大，真正可以自由选择的选修课之比例过少；学生成绩的计算没有按学分制的有关办法实施，仍按百分制记录学生的学习成绩（除有些选修课是通过考核评定成绩外）。

> 我们已经习惯了中学时代老师讲课的模式，习惯老师讲什么我们就听什么，何况现在要学的东西很多，只要记住老师讲课的内容，拿到相应课程的学分即可。（学生13）
>
> 在大学里要拿到相应课程的学分其实很容易，一般来说，只要考前突击几天背下上课所做的笔记，考过60分就万事大吉了，考高分有何意义呢？毕竟依靠高分去拿奖学金的人数占比相当少。（学生9）
>
> 同学们在选课时，通常选择那些比较容易拿到学分的课程，较少考虑所选的课程是否有助于拓展自己的专业视野。对于我们文科的学生来说，尽管知道文理交叉有助于我们的专业学习与满足我们未来的工作及生活需要，但我们还是几乎不去选择理工科类的课程作为选修课，其主要原因是这些理工科类的课程比较难学，且考试不容易通过，不容易拿到相应的学分。（学生8）

反思：

“学分制是以学分作为计量学生学习分量单位的一种教学管理制度。”[①] 依据约定俗成，学分制其实同时包含选课制和学分制。

---

① 熊志翔. 高等教育制度创新论［M］. 广州：广东高等教育出版社，2002：146.

学分制作为一种教学管理制度，最早在美国得到发展与完善，对我国而言是舶来品自从被引进到我国以后，似乎一直就有点水土不服，但“学分制是推动我国高等教育大众化的运行载体”①。

在提倡个性化教学的背景下，学分制具有其无比的优越性，主要表现在：在一定限度内，学生可以自由选课，自由选择学习时间，自由选择教师，自由选择学习地点等。但学分制也有自身不可逃避的缺陷，其中，“遭人诟病的最大弊端就是学生自主选择中的实用主义取向，容易导致知识的破碎和社会共同价值的失落”②。学生宁愿选择熟知的常规课程（尤其是认为容易学的课程，即使他们明知学习这些课程对于知识技能方面有望获得的进步极为有限）而不是那些更具有潜在性和更有挑战性和更有价值的课程，以避免得到低分或增加学习量（或两者兼有）的风险。因此，S大学在学分制的实施过程中，一定要坚持学生的自主选择与学校的规范要求相结合。只强调学生的自主选择而不加任何限制，则学校教育的主导性目的难以实现；只强调学校的规定而不让学生自主选择，则培养学生的个性和创造性就无从谈起。

学分的计算原则是以各科目为单位，把每门课的各种教学形式所需要的课内外学习时间合并计算，再折合成学分。目前S大学实行的是学年学分制，所谓学年学分制，就是介于学分制与学年制之间的一种教学管理制度。学年学分制的落脚点应重在学分制而不是学年制，由于学分制是采用积分制（或绩点制）来体现学生学习的数量与质量的，而且用积分制来体现学生学习的数量与质量相对百分制来说更准确些，因此实行学年学分制的S大学在评定学生学习质量时也应采用学分和积分（或积点）来表示学生学习的数量与质量，即在实行学年学分制时也应结合积分制③。

现阶段，S大学用以衡量一个大学生能否毕业，一般只是看其所修

① 熊志翔．高等教育制度创新论［M］．广州：广东高等教育出版社，2002：156.

② 冯向东．推行学分制：教学制度与观念的深刻变革［J］．高等教育研究，2003（6）：59-63.

③ 潘懋元．新编高等教育学［M］．北京：北京师范大学出版社，1996：481-482.

的课程是否都及格，这种学分制导致许多学生只求每一门课及格，“60分万岁”，而衡量一个大学生能否授予学士学位，一般只要其所修科目课程全部及格且通过学位论文答辩即可。其实，这种学分制管理办法既不准确，又不符合《学位条例》所规定的成绩优良的要求①。如果能像某些高校那样推行积分制作为大学生毕业与授予学士学位的标准，并且在实施中要求平均总积分 2 分以上（即百分制 70 分以上）才可毕业，而授予学士学位，按成绩优良的要求还更高一些，那么就可能在很大程度上避免学生平时学习松懈而只要考前突击就能及格过关的弊端，从而更能潜移默化地让教师重视课堂上的教学、学生重视课堂上的学习，进而在很大程度上推进本科课堂教学方法改革。

2）因考试制度落后而导致学生学习动机疲软

现状：目前，S 大学的考试方式几乎依然是笔试一统天下，而且很多科目的考试通常采用学期末一次性笔试定夺。试题一般都是由任课教师临考前制定，考试内容基本上是课堂上教师讲授过且大多板书过或课件上展示过的知识点，试题量一般不大且难度较小，考试题型主要是填空、选择、名词解释以及问答题等常规题型，尤其是，几乎每门课程考试前任课教师还给学生划复习重点，教师显然既是“教练员”又是“裁判员”。为此，只要学生考前突击背一背教师划定的复习重点，几乎不可能通不过课程考试。此外，对于那些所谓“考查课程”来说，任课教师通常让学生上交一篇课程论文即可。遗憾的是，学生们上交的课程论文大多是经复制、剪切、粘贴、编辑而成，极少有学生认真撰写课程论文。不过，由于受学校选课制度所限，选修每一门考查课程的学生人数一般较多，因而任课教师很难逐一查验学生上交的每一篇课程论文的原创性，从而只能根据学生上交的课程论文质量给学生相应的成绩。毋庸争辩，如此的课程考查制度，必然会助长学生在学习上的懒惰、敷衍、虚伪等不良品质。考试是教学的一个环节，本应该是检验教师在课堂上的教法和学生在课堂上的学法之好坏的有力手段与最佳途径，但如此这

① 潘懋元. 新编高等教育学［M］. 北京：北京师范大学出版社，1996：482.

般的考试制度无疑使得课程考试走向虚化甚至“虚空”，明显难以检验课堂教学成效，更难以有效课堂教学方法的成效，显然不利于课堂教学方法改革。

学长和学姐们告诉我们，只要上课记好笔记、考试前背好笔记，考试就可以过关，谈课堂学习方法改革有什么意义呢？何况现在在大学里学的很多知识与技能在工作中都用不上。（学生5）

现在就业很困难，我们大部分同学都准备考研或考公，而现在很多课程与考研或考公没有直接联系甚至没有联系，我们为什么要在课堂上浪费那么多时间学习呢？更不用说配合老师的教法改革而改革我们的学法了。（学生14）

即使不去上考查课，几乎也能获得一个很高的分数。这是因为，一是老师在课堂上一般不查考勤，即使教师有时清点人数，学生也可以凭借一张很容易获得的请假条甚至请人签到而应对；二是老师常常让学生上交一篇课程论文就视为课程结业，而几乎每位学生上交的课程论文都饱含一定程度的水分。（学生11）

反思：

从教学过程的角度看，考试方法是教学方法中的一个很重要的组成部分，对教学方法具有明显的指挥棒作用，因此要改革教学方法就一定要重视考试方法的改革。

目前，S大学的许多教师在课堂仍然以教知识为目的，而学生们参与课堂学习的目的大多只是为了获取相应课程的学分。整体上看，S大学课堂教学模式仍是教知识、学知识、考知识，明显将大学教育异化成为应试教育。S大学的学生虽然挣脱了高考的压力，但仍处于应试的旋涡中，在这种应试阴影的影响下，学生成了获取考试成绩的行家，他们也许有高的智商，但却缺乏动手的能力，更不乐于创新。

本书以为，大学本科生的考试应做到既考知识又考能力；既考理解又考应用；既考分析又考综合，防止重记忆轻理解、重理论轻实践的倾向，对那些学业成绩不良的学生不是施加压力，而是如何吸引他们留在学校并产生愿意学习的愿望[①]。在考试的实施过程中，应坚持以下指导思想：(1) 将教学与考试有机结合起来，使考试贯穿于整个教学活动之中，随时考查学生各方面的成绩。(2) 根据学科性质以及相关的教学内容与学习内容的不同要求，采用开卷、闭卷、口试、笔试和实践等多种形式对学生的学习情况进行检测。(3) 把课堂学业知识与学科有关的知识以及社会实践的能力结合起来，给出学期末的综合成绩。(4) 对于笔试科目来说，平常应该随时建立题库，题目不仅可以让教师出，也可以让学生自己出题（由于出考题时，学生不得不更认真钻研本门学科的知识，因而比直接考试收获更大）。坚持这些考试的指导思想不但能有效地防止学生平时上课不认真或不上课的现象，减轻学期末的压力，保证学生成绩的客观性与准确性，而且可利用考试这一功能的强制性和约束性去影响教学方法及其改革。

对S大学来说，考试方法的改革可采取如下策略：(1) 严格平时考查，保存考查依据，提高平时成绩在总考核中的比重；(2) 建立试题库，征求专家的意见，定期更新；(3) 执行考教分离的制度，由任课教师提供讲课的重点、难点及内容，由相关专业的其他教师出题、监考和改试卷；(4) 综合平时成绩与学期末的考试成绩，确定学生是否能够通过此门科目课程；(5) 严格审查重修考试情况。

3）学生被动的学习习惯而导致其学习动机疲软

现状：学习习惯影响学习行为，被动的学习习惯常常使得学生的学习动机不足，从而使其在学习上表现出明显的懈怠行为。

> 您看，这堂“白色垃圾对环境的影响”的讨论课开展得是不是很不理想？我个人以为这样的讨论课的效果还没有我唱独角戏的效果好。其实，今天要不是您在场，我可能又要将这堂课原本的讨论课改为讲授课了。(教师4)
>
> 我们早已习惯了老师讲、学生听的课堂教学模式。我们不喜欢

① 富兰. 变革的力量：透视教育改革［M］. 中央教科所，加拿大多伦多国际学院译. 北京：教育科学出版社，2000：220.

老师在课堂上搞什么讨论。这是因为，我们根本没有课前认真思考的习惯，讨论课上所谈的内容大多来自百度或教材，这样的讨论没有多大价值。（学生4）

反思：

习惯是指长期养成的，一时不易改变的行为、倾向或社会风尚①。而文化传统②是指“一个民族的文化在长期的历史发展过程中形成的一种文化心理模式或类型，是一种肇始于过去、渗透于现在并直达未来的一种意识趋势”③。由于习惯在一定程度上可以归结于文化传统的范畴，为方便起见，该文中一并使用文化传统这一概念。

文化传统对教学方法具有明显的影响。比如，美国的实用主义文化传统使美国高等教育的教学方法注重探索和实践，而我国深受儒家文化的熏陶，在教学过程中注重思辨、内省的方法，反映到高等教育教学方法上就是重视理论知识的传授而忽视学生实践能力的培养。再如，受中国文化传统影响较深的日、朝、韩、越等国家的高考与我国的统考和我国台湾的联考以及高校的多种考试，尽管也有许多不同之处，但就其核心部分而言，仍可清楚地看出是如出一辙、一脉相承的。关于这一点，S大学的许多教师以及学生也有类似的说法，恕不在此赘述。

文化传统对高等学校课堂教学方法影响作用是广泛和难以捕捉的。有时既影响到教学方法的选择，也影响到对所选择的教学方法的理解和运用④。譬如，对师生关系、教学与科研的关系的不同认识、民族个性、指导思想上的差异、地域文化的特质等，都会在大学教师的思想观念深处打下烙印，从而影响教学方法的选择、运用与改革。

文化传统对学生学习的影响是颇为深刻的。由于受中学阶段应试教

---

① 中国社会科学院语言研究所词典编辑室．现代汉语词典［M］．北京：商务印书馆出版，2002：1348.

② 由于文化传统包括物质文化传统和精神文化传统等方面，本书所论文化传统主要指精神文化而言。

③ 张应强．文化视野中的高等教育［M］．南京：南京师范大学出版社，1999：75.

④ 潘懋元．新编高等教育学［M］．北京：北京师范大学出版社，1996：207.

育的影响过深，S大学的学生习惯了“上课记笔记或课后抄他人的笔记、课后与他人核对笔记以及考前背笔记”的学习方式，因而所涉及的知识面相对较窄，胆子也相对较小，常常认为书本知识不能随便怀疑，加之大学生普遍具有高度的自尊及害羞的心理特点，在大班上课的情况下更加显得理性化，因而课堂上很少甚至从不主动提问、课后更不会主动与教师或其他同学进行学习交流与讨论。

2. 学习动机功利

现状：S大学是一所面向全国统一招生的省属重点本科高校，招生时被划定在第一批本科院校之列，不过，与“985”或“211”等重点本科院校相比，它只能归结为一般本科院校的范畴。正因如此，其生源质量总体上称不上优秀，甚至因其地理位置远离省会城市而使得每年的高考招生分数在同类院校中经常处于垫底的样态。显然，S大学本科生生源质量在所有一本院校和二本院校中大致处于中等样态。从当前现实看，因受多种原因的影响，S大学本科生的学习动机普遍较为功利。他们在所有的学习时间中，除了必须应付某些科目课程的必要考试之外，几乎将其余剩下的学习时间全部花在了拿证（指教师资格证、大学英语等级考试合格证、计算机等级考试合格等资格考试证书）科目课程、考研科目课程、考公（公务员考试）科目课程、出国留学科目课程等之上，很少或几乎没有思考如何拓宽专业知识视野以及加深专业知识学习。毫不讳言地说，不少本科生在课程学习上，仍以应试为指挥棒。尤其是，尽管学校为了增进学生学习而在整个校园范围内为学生提供了免费Wi-Fi，以便学生利用网络进行学习。遗憾的是，真正高频次利用互联网学习专业知识甚至文化科目知识的学生人数实在不多，而真正高频次利用互联网从事闲聊、游戏或追剧等无关学业或与学业关系不大的行为的学生人数却实在不少。从课堂互动的角度看，学生与教师的配合程度明显不够默契，有时任课教师让学生课外查阅相应的学习资料以备课堂上讨论之用，但很少有学生能够按时保质保量地按任课教师的要求完成，从而往往使得一堂原本应该生动活泼的讨论课，因学生课前准备打折而不得不临时改为教师单向传递的讲授课。

那节课本来应该是一节讨论课，因为我为了让学生对植物的分类有一个深入的认识，在上次课后，我便让学生下去查阅相关资料，没想到学生根本没有按照要求做，没办法，我只好就又唱独角戏了！（教师 11）

老师本来让我们课前预习一下他列出的几个问题，并从互联网尤其是知网上查阅一下相关资料，但我们班大多数同学都没有按照老师的要求做，实在愧对老师哦！不过，话说回来，并非只有我们班不配合老师的讨论课，据我们了解，其他班的同学通常也是这样。（学生 11）

一般来说，我们认为老师在课堂上所讲的内容与未来的考试或未来的工作无关或关系不大时，我们通常不会认真听讲；而但老师讲授有关考公或考研的知识甚至相应考试的真题时，我们往往会十分认真听讲。（学生 10）

反思：

课堂教学的本质是师生以知识为平台的双向交流互动行为，学生的学习心态与行为无疑会影响任课教师在课堂教学方法上的选用与改革。质性研究表明，在高等教育大众化尤其是当下高等教育普及化阶段，地方普通本科高校扩招明显，生源素质整体上相对普遍下降，若按过去的招生比例计算，现在有相当一部分学生是不能进入本科高校学习的，S 大学的情形亦不例外。由于一些重点本科高校优先招录了较多优秀学生，因而使得分流到一般本科院校的生源质量相对扩招之前普遍有所降低。

由于一般本科院校的本科毕业生在就业压力日益严峻的当下无法与重点本科院校的本科毕业生相比，因而进入一般本科院校的本科生在学习上心态出现了明显的分化现象：或者以应试的心态为考研、考公、留学之类做准备，或者以应试的心态为获取文凭做准备，或者以就业的心态为未来的工作积累经验。S 大学的本科生亦不例外，总体来说，真正热爱专业而潜心钻研专业的学生人数不多。对于那些执意考研、考公、留学的学生来说，老师所讲的内容只要与考研、考公、留学可能无关就会被认为是多余，因为他们唯恐老师所讲的额外知识过多而影响了他们为考研、考公、留学做准备的宝贵时间；对于那些一心只想混一张文凭的学生来说，教师所讲的内容越少越好，原因在于，在“记笔记、背笔记、对笔记与考笔记”的教学模式下，教师讲的东西越少，就表示将来考试的内容越少，从而对学生学习的压力就越小，因而就相应减轻了课程学习的压力。当然，随着就业压力与社会竞争日益激烈，无论学习心态处于以上哪一级的学生，他们都十分重视事关是否能够毕业的相应科目课程的学习。具有讽刺意味的是，当要求学生对课堂教学方法进行评价时，他们常常呼吁更多地采用自学辅导式的主动学习方法，然而，当教师迎合学生的需求而采用自学辅导式的课堂教学方法之时，学生们却又表现出回避或抵触的情绪态度，他们从心底里宁愿任课教师使用传统的讲授法进行授课，这样可以减轻他们自学的压力。由此可知，尽管学生们知道传统的讲授法存在诸多弊端，同时也知道传统的考试办法不够合理，但出于惰性或功利性，他们违心地宁愿教师用传统的讲课方法上课。这就是一些教师所说的学生已经习惯了传统的教学方法的主要原因。比如，学生纵然知道讨论课比起讲授课更能加深自己对知识的理解与掌握，但由于讨论课前与课中甚至课后要完成相对更多的学习任务(包括查阅文献、收集资料、准备发言提纲、完成课后总结等)，因此，他们宁愿被动地接受教师的“填”(此处指教师单向的讲授课)，也不愿意去配合教师的“启”(此处指互动式的讨论课)。

第五章　突破方略：地方普通本科高校课堂教学方法改革的综合思考

回溯上述实证调查与质性研究的结果不难发现，迄今为止，地方普通本科高校在课堂教学方法改革上取得了一系列的成效。比如，高校教师改进课堂教学方法的积极性与主动性普遍有所提高，多媒体及网络等现代化教学手段普遍引入了高校课堂，案例教学和讨论式教学等新的课堂教学方式逐渐为高校师生所掌握，高校师生普遍意识到学会学习比学会知识更重要，部分教师开始着手研究学生的课堂学习方法，部分学生开始步出死记硬背的藩篱而开始进行研究性学习，等等。然而，全面审视地方普通本科高校课堂教学方法改革的现状，同样不难发现，其中存在的障碍性问题依然十分突出。为进一步提高课堂教学质量，地方普通本科高校理应作出针对性的回应。本章将基于实证调查与质性研究的相关数据与结论，依据前述有关高校课堂教学方法改革的三大理论基础，结合“创新创业教育”“课程思政”“‘金课’建设”及高等教育高质量发展的新时代背景，阐述地方普通本科高校课堂教学方法改革的突破方略。

第一节　健全课堂教学管理体制

课堂教学管理制度是关于课堂教学管理的规程或准则，具体来说，是指为了提高课堂教学质量与课堂管理成效，高校根据国家及地方政府出台的有关法律法规和高校自身的相关规章制度制定，要求全校师生共同遵守的具有普遍约束力的规章和准则。课堂教学管理制度主要包括课堂教学督导制度、课堂教学评价制度和课堂教学激励制度等。课堂是高校培养人才的主阵地，课堂教学是高校培养人才的主渠道，课堂教学质量与高校人才培养质量息息相关。健全的课堂教学管理制度，既有助于保障高校课堂教学质量，又有助于保障高校课堂教学系统有效运行。显然，针对当前地方普通本科高校因课堂教学管理体制上存在系列阻碍而导致课堂教学方法改革成效差强人意的现实局面，理当对其加以相应完善。

一、改革课堂教学督导制度

课堂教学督导是指对课堂教学的监督与指导，是课堂教学质量监控体系的重要组成部分。课堂教学督导制度泛指，为提高课堂教学质量，学校教务管理部门对本校的课堂教学质量进行监督与指导的系列规则与机制。我国高校课堂教学督导制度自设立以来，其根本作用就指向于"保证和提升高校课堂教学质量"①，但由于高校课堂教学督导实践中普遍存在课堂教学督导人员专业性不够、课堂教学督导范围偏狭化及课堂教学督导人员"督而不导"等原因，导致其作用并未完全发挥，地方普通本科高校当然亦不例外。关于这一点，从前文的实证调查与质性研究中都可以得到印证，在此不再赘述。针对当前地方普通本科高校课堂教学督导制度上存在的现实问题，本书认为，可以从如下三个方面着手进行改革。

首先，精心遴选课堂教学督导人员，以之增强课堂教学督导人员的专业性。从理论上说，课堂教学督导的根本目的是提高课堂教学质量，其实质是对整个课堂教学活动的过程及结果进行全面的监督与指导。不言而喻，为切实履行好课堂教学督导的职能，课堂教学督导人员理当具

---

① 李茂科. 高校教学督导理论研究综述 [J]. 当代教育论坛，2007 (3)：27-29.

备相应的专业知识且对课堂教学全过程熟悉了解[①]。从实际情况看，与全国其他类型高校课堂教学督导人员的构成一样，当前我国地方普通本科高校课堂教学督导人员的构成模式主要有三种：一是全部由离退休的教授、专家构成，二是由部分离退休教授和部分在职教授构成，三是由部分校长领导下的行政管理人员以及部分离退休教授构成[②]。毋庸置疑，构成高校课堂教学督导人员的这三种模式必然具有一定程度的合理性，但从高校课堂教学督导人员的职能看，这三种构成都因具有一定程度的局限性而使得相应的课堂教学督导人员整体上缺乏必要的专业性。其主要原因在于，课堂教学督导人员因兼负课堂教学的监督与指导作用而理应兼备先进的课堂管理理念与能力和先进的课堂教学理念与能力，然而，从上述三类构成模式看，无论哪一种构成模式，都难以确保相应的教学督导人员同时兼有先进的课堂管理理念与能力和先进的课堂教学理念与能力，其中，教授与专家缺乏必要的课堂管理实践，而行政人员缺乏课堂教学实践，因而使得他们在课堂教学督导实践中或出现有“督”无“导”与重“督”轻“导”，或出现有“导”无“督”与重“导”轻“督”之类的现象，从而使得原本应该同时发挥“督”“导”两种职能的课堂教学督导职能异化或窄化为其中单一的职能，进而明显危及课堂教学质量。由此可见，千方百计增进当前地方普通本科高校课堂教学督导人员的专业性十分必要。立足地方普通本科高校的现实看，相应的做法为：从本校不同学科、不同专业中精心遴选具有丰富教学实践经验的教授或资历较深的副教授，并采取定期与不定期相结合、个别辅导与团体培训相结合的手段，对其进行必要的课堂管理理念与实践和课堂教学理念与实践的双重培训，经培训合格后组成专业性的课堂教学督导委员会，进而在国家教学指导委员会及本校教务管理部门的领导下对本校开展课堂教学督导工作。

---

① 王思思，郭丽君．我国高校教学督导制度效用分析：基于理性选择制度主义视角［J］．高等农业教育，2018（6）：30-35.

② 薛国凤．从“局外”走向“局内”：高校教学督导理论与实践问题的探讨［J］．高等教育研究，2014（6）：86-90.

其次，全面督导课堂教学全过程。课堂教学是教师在课堂上引导学生以知识与技能为对象进行交流互动的活动过程，这个活动过程既包括教师的课堂教授活动，也包括学生的课堂学习活动。理论上讲，课堂教学督导理应既督导教师的课堂教授活动，又督导学生的课堂学习活动，尤其是，从教师的角度看，课堂教学督导应该对教师的课堂教学规划与设计、课堂教学组织与实施、课堂教学小结与反思等全过程进行督导，从学生的角度看，课堂教学督导应该对学生的课堂学习准备、课堂学习状态及课堂学习效果等全过程进行督导。然而，从当下地方普通本科高校课堂教学督导的实际情况看，其课堂教学督导范围不仅几乎局限于督导教师的课堂教授活动，而且几乎局限于督导教师的课堂教学组织与实施，从而使得现实中的课堂教学督导明显偏狭化。显然，扩大课堂教学督导的范围，使之既督导教师课堂教授的全过程，又督导学生课堂学习的全过程，实属当务。从目前课堂教学督导的现实看，对于督导教师的课堂教授来说，除了继续加强对教师的课堂教学组织与实施活动进行督导外，还应注重督导教师的课堂教学规划与设计、课堂教学小结与反思等环节。具体而言，针对教师的课堂教学规划与设计环节，课堂教学督导人员可以从教师的课堂教学计划、教案（或讲义）、课堂练习设计等方面进行定期或不定期的督察与指导，帮助教师提升课堂教学规划与设计的能力；针对课堂教学组织与实施环节，课堂教学督导人员可以增加随机随堂听课的次数并在课后与授课教师一起对当堂课的教授情况进行分析与分享；针对课堂教学小结与反思环节，课堂教学督导委员会可以采取集中或分散两种形式针对每一位教师的课堂教学小结与反思进行定期或不定期的检查，并对如何有效进行课堂教学小结与反思的方式与方法进行指导。对于督导学生的课堂学习来说，教学督导委员会可以安排各学科专业的课堂教学督导人员深入各自所在学科专业的学生群体中，采取观察、访谈、问卷及随堂考试等多种形式全面督导学生的课堂学习准备、课堂学习状态及课堂学习效果。

再次，完善课堂教学督导机制。一方面，全面落实“督”“导”兼备的课堂教学督导机制。前文已述，地方普通本科高校课堂教学督导人员“重督不重导”或“督”而不“导”的现实普遍存在，使得课堂教学督导的职能在实践中发挥得相当有限。为此，强化课堂教学督导人员的工作职责，使之做到既“督”又“导”，十分必要。与落实“督”的职责相比，“导”的职责落实起来更有挑战性，这是因为，要想落实“导”的职责，课堂教学督导人员除了必须具有更强的专业性外，还必须具有更强的责任感与使命感。为此，要想全面落实“督”“导”兼备的课堂教学督导活动，地方普通本科高校教务管理部门在遴选课堂教学督导人员时，除了要注重课堂教学督导人员的专业性外，还要注重课堂教学督导人员的教育情怀与教育责任感。另一方面，建立校院（系、部）二级课堂教学督导委员会联合进行督导的长效机制。我国地方普通本科高校的学科门类通常较多，且每一学科门类下大多设置了多个不同的专业，不同学科之间以及不同专业之间的差异明显，罕见有人能够熟悉本校所有学科专业，这一现实无疑局限了课堂教学督导人员的专业性。为增进课堂教学督导人员督导课堂教学的针对性与有效性，即通过各学科专业的课堂教学督导人员分别督导各自所在学科专业的课堂教学活动的手段相对增进课堂教学督导人员的专业性，地方普通本科高校教务管理部门除了应该通过精心遴选不同学科专业的优秀教授或课堂教学经验丰富的副教授组建校级课堂教学督导委员会外，还应该指导学校下设的二级学院（系、部）相应组建二级学院（系、部）的课堂教学督导分委员会，并落实课堂教学督导分委员会与课堂教学督导委员会联合进行课堂教学督导的长效机制。

二、改进课堂教学评价制度

课堂教学评价制度是指，课堂教学评价主体依据一定的价值标准，对课堂教学过程及结果进行价值判断，以之为提高课堂教学质量并为有关课堂教学决策服务的一系列规则与机制。在国家主张“创新创业教育”“课程思政”“金课建设”及“教育高质量发展”的当今时代，地方普通本科高校比以往更加重视教育教学质量，课堂作为高校实施教育教学的“主阵地”，自然受到地方普通本科高校的特别关注，同时，通过课堂教学评价制度引导课堂教学的发展方向并促进课堂教学质量不断提升，顺势成为地方普通本科高校的重要抓手。遗憾的是，调研发现，当前地方普通本科高校课堂教学评价的现状不尽如人意，其主要表现有：其一，课堂教学评价主体较为单一。从当前高校课堂教学评价实践看，学生和教学督导几乎事实上成为课堂教学评价的两大主体，更为甚者，有些高校的课堂教学评价几乎仅仅依靠学生这一唯一主体，同行教师及任课教师本人极少参与课堂教学评价实践；其二，课堂教学评价对象明显窄化。从理论上讲，课堂教学既包含教师在课堂上的教授，也包含学生在课堂上的学习，在课堂教学评价实践中，原本应该同时评价教师的课堂教授状况和学生的课堂学习状况两个维度的评价，现实中却窄化为仅仅评价教师的课堂教授状况；其三，课堂教学评价职能的功利化倾向明显。课堂教学评价原本具有监督、调控、反馈及激励等功能，但从现实来看，地方普通本科高校课堂教学评价凸显出来的职能普遍较为功利，具体而来说，不少地方普通本科高校往往将课堂教学评价的结果简单地与教师的酬金待遇、评先评优及职称评定等挂钩，极少注重将课堂教学评价的结果反馈给相应的任课教师以便教师有针对性地改进自己的课堂教学；其四，课堂教学评价指标体系不够成熟。目前，地方普通本科高校通常使用一类较长时间以来一直沿用的年代感明显的课堂教学评价表，对各学科专业各门课程各个教师的课堂教学状况进行评价，这类课堂教学评价表的评价指标过于笼统且整体划一，并未凸显各学科专业各门课程及原本具有不同课堂教学风格的教师之间的差异，尤其是，这类评价指标的权重明显缺乏科学论证。为此，当前地方普通本科高校改革现有的课堂教学评价制度十分必要。针对上述地方普通本科高校课堂教学评价制度存在的不足之处，可以采取如下相应的措施对其加以改革。

一是拓展课堂教学评价的主体。教师和学生都是课堂教学的主体，教师在课堂上的教授与学生在课堂上的学习是密不可分的，两者相互依存。学生是教师课堂教授的直接体验者，对于教师的课堂教授状况尤其是课堂教授质量，学生明显具有发言权，因而理当是课堂教学评价中评价教师的课堂教授状况与质量的主体，正因如此，在当下课堂教学评价实践中，学生理所当然成了评价教师课堂教授状况与质量的重要主体。然而，与之相对的是，尽管教师是最了解学生课堂学习状况与质量的主体，理应也是课堂教学评价的主体之一，但因现实中地方普通本科高校通常将课堂教学评价窄化为教师的课堂教授评价而几乎将教师排斥在课堂教学评价主体之外，即几乎并未将任课教师视为其任教课程的课堂教学评价的主体。为此，在课堂教学评价实践中，将教师也纳入课堂教学评价主体的位置，针对每一门课程的课堂教学情况，应该给予相应任课教师一个自评的机会，让任课教师对其课堂教授过程进行必要的阐释，这样做，不仅有助于他人充分认识其课堂教授过程，而且有助于任课教师本人深入认识自己的课堂教授过程，从而在未来的课堂教授中做相应的改进，进而最大限度打造“金课”。

二是完善课堂教学评价的对象。课堂教学既包括教师在课堂上的教授，也包括学生在课堂上的学习，教师和学生都是课堂教学的主体，课堂教学的状况及课堂教学的质量是由教师的教授和学生的学习两者共同决定的，因而，在课堂教学评价中，不能将评价对象局限于教师的课堂教授，而应该同时将学生的课堂学习作为课堂教学的评价对象，只有这样，才能最大限度地促进学生的课堂学习。值得一提的是，不少人认为课程结业考试或结业考核本就包含了学生的课堂学习状况及质量，对此，本书认为，由于在课程结业考试或结业考核中，任课教师既充当了“教练员”的角色，又充当了“裁判员”的角色，因而在当前课程结业考试或结业考核依然处于“应试”的局面下难以真实反映学生的课堂学习状况及质量，为此，理应将学生的课堂学习状况纳入课堂评价之中，真正做到整体性评价课堂教学。

三是改进课堂教学评价的反馈与激励机制。课堂教学评价的目的不仅是为了监督与调控课堂教学，而且还是为了通过将课堂教学评价的结果反馈给教师和学生而对其课堂表现进行一定程度的激励促进并以之实现课堂教学评价的反馈功能。从当前课堂教学评价实践看，地方普通本科高校普遍过于重视课堂教学评价应有的监督与调控功能，而相对忽视课堂教学评价原本应有的反馈与激励功能，从而导致课堂教学评价对于教师课堂教授的反馈与激励作用发挥不够，进而导致现有的课堂教学评价制度对于教师在践行课堂教学改革（尤其是课堂教学方法改革）上缺乏必要的促进力度。通过进一步完善课堂教学评价的反馈与激励机制，一方面促使广大教师及时明晰自己在课堂教授上的优势与不足，进而提高其践行课堂教学改革（含课堂教学方法改革）的针对性与有效性，另一方面促使广大教师更有信心与动力践行课堂教学改革（含课堂教学方法改革），进而更大限度提升课堂教学质量。

四是健全课堂教学评价指标体系。毋庸争辩，尽管人们开始认识到课堂教学评价指标体系的重要性及发掘科学、合理的课堂教学评价指标体系的必要性，且不少学者在课堂教学评价指标体系方面做过诸多探究，但是，迄今为止，但依然尚无公认的较为科学、合理的课堂教学评价指标体系供各高校使用。尤其是，在当下各地方普通本科高校现行的课堂教学评价指标体系中，课堂教学方法改革权重相对偏小，不足以凸显课堂教学方改革在整个课堂教学中应有的重要价值。显然，加强课堂教学评价指标体系的研究，适度增加课堂教学方法改革在其中的权重，以之全面完善课堂教学评价指标体系，实属当务。

三、完善课堂教学激励制度

高校是探究高深学问的场所，探究高深学问乃高校教师义不容辞的责任与使命。当前，在学科建设是高校建设的“龙头”这一理念指引下，地方普通本科高校更加重视以学科建设为推手且以多种激励手段促使广大教师开展高深学问的探究活动。对于地方普通本科高校教师来说，科学研究活动与课堂教学活动本是探究高深学问的二种主要途径，不过，由于通过科学研究活动的途径比通过课堂教学活动的途径相对容易探究出有关高深学问，而地方普通本科高校通常根据教师产出的高深学问给予相应的表彰与奖励，且将教师产出的高深学问与教师评先评优及职称评定等挂钩，为此，地方普通本科高校教师重科研轻教学的心态与行为普遍存在。正因如此，在地方普通本科高校中，很少有教师心甘情愿将时间与精力花费在短期内难以产出有关高深学问成果的课堂教学活动上，转而将更多的时间与精力投入相对容易立竿见影的科学研究活动中。毋庸置疑，高校与科研机构的根本差别在于：前者属于培养人才的组织机构，课堂教学是其培养人才的主要途径，尽管高校也是科学研究的重要场所，高校教师是科学研究的重要生力军，但高校毕竟不是科研机构，高校教师也毕竟不是科研人员，为此，无论是哪一所高校，理当将教学作为中心工作，将培养人才作为中心任务，而无论是哪一位高校教师，也理当重视教学工作，对于广大地方普通本科高校教师来说，从其学校的办学层次与应有的办学定位出发，更加应该重视教学工作，尤其是课堂教学工作。显然，对于地方普通本科高校来说，理应通过一定的课堂教学激励机制吸引更多的教师探究课堂教学中的高深学问，以之促进“金课”建设及高等教育高质量发展。遗憾的是，迄今为止，广大地方普通本科高校在课堂教学方面的激励制度明显不足或乏力。比如，在奖励制度上，与科研奖励相比，有关课堂教学的奖项类别及奖励力度相对偏少；在职称评定上，课堂教学成效因不如科研成果易量化而经常使得“重教学轻科研”的教师处于不利地位，甚至使得有的教师虽然在课堂教学上投入了很多时间与精力但因无显性的课堂教学类高深学问而难以晋升高一级职称；在各类人才评选上，科学研究类的高深学问比课堂教学类的高深学问更有优势。为了促使更多的教师用心践行“课程思政”、为了促使更多的教师用心打造“金课”，为了促使更多的教师用心培养人才，广大地方普通本科高校理当改革现行的课堂教学激励制度。针对当前地方普通本科高校现有的课堂教学激励制度之不足，可以从如下三个方面进行相应改革。

其一，加大课堂教学奖励的力度。课堂教学奖励即专门针对课堂教学而设置的奖励，毋庸置疑，课程教学奖励是一种直接而有效的教学激励手段，理应成为课堂教学激励制度的一部分，加大课堂教学奖励力度，理当能够激发更多教师在课堂教学上投入更多的心力与时间。从地方普通本科高校教师对待课堂教学的现实局面看，切实可行的措施有：一是适当增加课堂教学奖励的奖项类别及获奖人数的比重。目前，地方普通本科高校普遍并未单独设置课堂教学奖，而只是设有与课堂教学有关的奖项，如一年一度的教学质量优秀奖、青年教师教学竞赛奖及四年一度的教学成果奖三项奖励，且在上述奖励中，每次获奖人数占比极少，因而对于大多数教师来说，这些教学奖励与他们是无缘的。显然，地方普通本科高校在当下尚未单独设置课堂教学奖项的情况下，若不增加与课堂教学有关的奖项类别及获奖人数比例，无疑难以激励广大教师潜心开展课堂教学，更难以激发广大教师践行课堂教学方法改革；二是适当增加各类与课堂教学有关的奖励之奖金额度。从当下现实看，地方普通本科高校给予各类与课堂教学有关的奖励之奖金的额度远远不及科研类的奖励之奖金的额度，导致教师群体中“重科研轻教学”的现象十分明显。毋庸置疑，为激发广大教师参与课堂教学改革的热情，大幅度增加与课堂教学有关的奖励之奖金额度实属必要。此外，从目前的现实看，各地方普通本科高校对教师超课时的教学工作量的奖励金额很少，对此，不少大学生甚至调侃说，大学教师获得的超课时之课酬还不如大学生做兼职家教获得的课酬多。

其二，加大课堂教学奖励的监督力度。毋庸讳言，对于上述三项与课堂教学有关的奖励来说，地方普通本科高校不仅因普遍缺乏科学合理的奖励标准而在实施过程中习惯按经验办事，而且公平性明显缺乏。比如，对于四年一度的教学成果奖来说，普通教师不仅很难获得该奖项，而且更难获得该奖项的较高等级奖励，特等奖和一等奖通常被双肩挑领导或有一定学术头衔的教师所占有，很多教师只能充当陪衬角色，因而对于许多普通教师来说，基本上对四年一度的教学成果奖的奖励申报既不持有应有的申报热情，更不持有获得相应等级奖励的期望。显然，从当前现实看，地方普通本科高校理应加大课堂教学奖励的监督力度，既要有力监督相应奖励标准的科学研制，更要有力监督这类奖励标准在实践中得以公平而透明地实施。

其三，加大课堂教学在各类评晋中的比重。此处的各类评晋主要是指地方普通本科高校中实行的各类评奖、评先、评优及职称评定。从现阶段地方普通本科高校各类评晋的实施情况看，课堂教学在其中的占比明显与课堂教学应有的重要地位不匹配。比如，在教学名师的评选过程中，课堂教学方面的指标原本应比科研方面的指标在相应的评选指标体系中占有更大的权重，但令人遗憾的是，从教学名师评选的现实看，不少地方普通本科高校依然更看重参评教师在科研方面的成绩与贡献，并未凸显参评教师课堂教学质量与水平在相应评选中应有的重要位置。尤其是，在各地方普通本科高校评定教师的职称之时，科研指标在职称评定中的权重远远超过与课堂教学有关的教学指标，这一现实存在，直接或间接地使得不少高校教师不仅疏于教学，而且更疏于课堂教学改革。

其四，增强学生课堂学习的督查力度。前已述及，课堂教学不仅包括教师的课堂教授，而且包括学生的课堂学习，从教学互动的视角看，学生的课堂学习状况能够影响教师的课堂教授状况，一般来说，如果学生对教师的课堂教学持肯定、支持及配合的态度并表现出相应的积极行为，那么教师的课堂教授状况就会更好。为此，地方普通本科高校的教学督导不仅应该督导教师的课堂教授，而且还应该督导学生的课堂学习。当前切实可行的做法是，在校院（系、部）两级教学督导的主导下，联合校院（系、部）两级教学行政管理人员及学生代表亲临课堂现场，既督查学生的到课率，又督导学生的课堂表现，以之激励广大教师更加重视课堂教学，更加积极投身课堂教学改革。

第二节　改进课堂教学方法改革管理

培养人才是高校的第一职能，课堂教学是高校践行人才培养活动的主要场所，因而课堂教学管理历来是高校相当重视的管理内容，对于课堂教学方法这一事关课堂教学质量的课堂教学要素来说，其改革状况从来都是高校教学管理者相当关注的内容，且其改革成效从来都会受到教学管理者自身及相应的教学管理机制和教学管理条件等有关课堂教学方法改革的管理因素所影响与制约。从当下现实看，为了进一步提高课堂教学方法改革的成效，地方普通本科高校理应在充分认识课堂教学方法改革对于课堂教学成效的重要价值之基础上，从以下三个方面改进对课堂教学方法改革活动的管理。

一、增进课堂教学管理人员专业水平

课堂教学管理的主体是人，课堂教学管理活动属于从事课堂教学管理的人员的行为活动，由于课堂教学活动是一种专业性很强的活动，因而其相应的管理人员理当具有相应的专业性，且课堂教学管理人员的专业性水平显然会通过直接或间接地影响课堂教学管理活动的途径而影响课堂教学活动的成效。不言而喻，增进课堂教学管理人员的专业水平必然有利于提升课堂教学管理的成效。课堂教学方法是课堂教学的重要构成要素，对课堂教学方法改革活动进行管理，乃是课堂教学管理人员工作的重要组成部分。在当前地方普通本科高校课堂教学方法改革成效不容乐观的情况下，理应进一步增进课堂教学管理人员的专业水平。具体的做法为：

一方面，通过组织多种层次与类别的专门性培训活动，以定期或不定期、集中或分散性的方式对地方普通本科高校中从事课堂教学管理的广大人员进行不同程度与形式的培训，以之增长其课堂教学管理知识、更新其课堂教学管理理念、提升其课堂教学管理能力。值得指出的是，在培训过程中，一定要有严格的考评机制，以之确保相关培训的实效。

另一方面，在目前地方普通本科高校从事课堂教学管理的人员数量相对庞大且相互之间在管理课堂教学上的专业水平有着明显差异的现实状况下，广大的课堂教学管理人员不能仅仅依靠学校或其他部门组织的专门培训来提升自身的课堂教学管理水平，而应该各自针对自身在课堂教学管理方面的不足之处进行自主学习，主动增进自己的课堂教学管理水平。

此外，尤为一提的是，目前，在广大地方普通本科高校中，各行政职能部门的人员之间相互流动较为频繁，从事课堂教学管理的人员并不稳定，因而使得不少从事课堂教学管理的人员并无足够的时间与精力去增进自己管理课堂教学活动的专业水平，从而危及高校课堂教学方法改革的管理成效，进而不利于高校课堂教学方法改革的推进。为此，广大地方普通本科高校理应适度、有序地交流课堂教学管理人员，以之保障其课堂教学管理队伍的相对稳定性。

二、完善课堂教学方法改革联动管理

课堂教学是一个涵盖课堂教学目标、课堂教学内容、课堂教学评价等构成要素的系统，课堂教学方法属于课堂教学这个系统中的一个重要组成部分，从系统论的角度不难推断，课堂教学方法改革必然与构成课堂教学系统的其他要素之间相互关联并相互影响。不言而喻，课堂教学方法改革必然会或多或少、或显或隐地牵涉到整个课堂教学系统的改革，而构成课堂教学系统的其他要素的改革也必会相应影响课堂教学方法改革。为此，地方普通本科高校在加强课堂教学方法改革管理之时，理当相应完善课堂教学系统中其他构成要素的管理，即以联动管理课堂教学系统中各构成要素改革的手段，保证课堂教学方法改革与课堂教学系统中其他构成要素的改革协调并进地发展，从而最终达到共同促进课堂教学质量提高的目的。

拿课堂教学目标改革与课堂教学方法改革之间的关系来说，当课堂教学目标是为了促使学生在理解学科课程的基本原理与基本事实的基础上主动思考现实问题，那么，教师在课堂讲授过程中就应更多地联系社会实际对相关教学内容进行阐释与分析，并在课堂上引导学生提出有针对性的问题，鉴于此，教师的课堂教授方法就应该是具有启发性的“讲述＋讲解＋讲练”，而不应该是单一的启发性讲述或讲解或讲练，与之相应，学生的课堂学习方法也不应该是简单地认真听讲与记笔记，而应该是发散性地思维与提问；如果课堂教学目标不仅是为了促使学生在掌握学科知识与技能的基础上去主动思考问题，而且还是为了促使学生立足国情去主动思考问题，则教师在课堂教授过程中就更应该重视“课程思政”，联系社会现实加大案例分析的力度，与之相应，学生的课堂学习过程中就更应该联系当前社会现实而进行针对性的深度思考。如果教师的课堂教授方法与学生的课堂学习方法不能适时适度地跟上课堂教学目标的改革进行相应改革，则课堂教学目标必然难以实现。

就课堂教学内容改革与课堂教学方法改革之间的关系而言，由于改革课堂教学方法的主要目的之一就是促进学生更好地理解并掌握课堂教学内容，因而课堂教学方法理应随着课堂教学内容的改革而做出相应改革。比如，若课程教学内容是抽象且重要的理论知识时，则教师在课堂教授过程中除了深入浅出地进行讲解外，还有必要组织学生进行小组合作讨论；若课堂教学内容的应用性明显，则教师在课堂上除了运用讲演的手段进行教授外，还有必要组织学生进行适当与适度的课堂练习或课堂演练。

对于课堂教学评价改革与课堂教学方法改革之间的关系来说，由于课堂教学方法是课堂教学评价的主要内容之一，课堂教学评价的体系对课堂教学方法改革具有监督与指导作用，因而，课堂教学方法理应随着课堂教学评价的改革而进行相应的改革。当然，为了确保对课堂教学方法进行客观评价，课堂教学评价也应随着课堂教学方法的改革而做出相应的改革。

三、改善课堂教学方法改革配套条件

课堂教学方法改革配套条件是指，与课堂教学方法改革关系密切并影响课堂教学方法改革成效的相应条件，主要包括课堂教学设施与设备、课堂教学中班额大小等。从当前地方普通本科高校课堂教学方法改革的现实看，以下两个方面的条件尤其亟待改善。

一是课堂教学设施与设备亟待改善。物质决定意识，经济基础决定上层建筑，这类哲学基本原理同样适用课堂教学方法改革。课堂教学方法改革是课堂教学方法改革主体基于现有的课堂教学方法改革配套条件而从方法层面针对课堂教学进行改革的思维活动，从物质与意识之间关系的角度看，这一思维活动即是课堂教学方法改革主体的意识活动，而课堂教学方法改革配套条件正是决定课堂教学方法改革主体进行课堂教学方法改革这一意识活动的物质条件；从经济基础与上层建筑之间的关系看，课堂教学方法改革活动的方案及其成效可视为课堂教学方法改革活动的上层建筑，而课堂教学方法改革的配套条件则可视为是课堂教学方法改革活动的经济基础。课堂教学设施与设备是课堂教学活动赖以存在的基本前提，因而自然是课堂教学方法改革活动不可或缺的配套条件。不言而喻，课堂教学设施与设备条件必然会影响或制约课堂教学方法改革活动的实施。目前，随着高等教育普及化程度逐渐增大，各地方普通本科高校的扩招规模都十分明显，而其相应的办学经费并未明显增加，为此，各地方普通本科高校的课堂教学设施与设备均存在不同程度的不足与陈旧问题。比如，就教学楼与实验楼来说，不仅老旧教学楼和实验楼需要翻修，而且还因学生人数明显增加而需要相应拓建新的教学楼和实验楼，以之满足不同学科专业的课程教学对教室和实验室类型与大小的多样化需求；又如，就教育信息化条件来讲，在现代信息技术日益发展的时代，教育信息化程度不断提高，线上线下混合式教学模式日渐兴起，在此背景下，与课堂教学配套的教室和实验室理当提高相应的教育信息化条件，以之为课堂教学改革主体实施课堂教学方法改革提供必要的前提条件与物质基础；再如，基于提高大学生创新创业能力的课堂教学方法改革主张必然需要增进课堂教学过程中学生进行探究性学习的比重，而这种探究性学习往往不仅需要花费师生更多的时间与精力成本，而且需要花费更多的诸如教学仪器与教学工具之类的物质成本；还如，在地方普通本科高校普遍更加主张提高大学生团结协作精神与实践能力的时代背景下，高校课堂中小组合作学习形式的体验式教学与讨论式教学十分常见，而这种形式的课堂教学方法改革通常需要大学生课前进入图书馆、实验室或试验地等场所进行必要的学习准备，高校必须为大学生进行这类课前学习提供必要的配套条件。

二是合班上课人数亟待适度减少。合班上课即将两个或两个以上班级临时合并成一个大班而集中在一起上课。在高等教育普及化程度越来越高的当下，各地方普通本科高校因相继扩招而使其学生规模增加明显，与之相比，各地方普通本科高校教师人数增长十分有限，从而增加了合班上课的现象。在合班上课的模式下，学生人数相对较多，教师与每个学生的互动时间与频次必然相对减少，教师必然难于顾及全体学生的正常需求，课堂教学方法改革必然难以相对实施，且即使强行实施，其效果也很难乐观。显然，当前各地方普通本科高校因其教师人数不足而无法确保每门课程都能实施单班上课的情况下，尽量减少合班上课人数而实施小班化教学，实属必要。

第三节　提升教师课堂教学方法改革素养

教师课堂教学方法改革素养是指，教师所具有的与课堂教学方法改革密切相关的一系列专业素养，主要包括课堂教学方法改革观念、课堂教学方法改革精神、课堂教学方法改革知识、课堂教学方法改革能力。教师是课堂教学方法改革的关键主体，若教师没有具备相应的课堂教学方法改革素养，则由其主导的课堂教学方法改革就难以成功。调研发现，当下地方普通本科高校教师的课堂教学方法改革素养明显有限，显然不能适应高等教育发展对其应备课堂教学方法改革素养的需求，其中，其课堂教学方法改革观念、课程教学方法改革精神及课堂教学方法改革能力尤其偏低，理应得到相应的提升。

一、促进教师更新课堂教学方法改革观念

教学有法，但无定法，贵在得法。对于教学方法改革来说，更是如此。已有研究表明，课堂教学方法改革的推进比起课堂教学内容和课程体系的改革来更困难[①]。教师是课堂教学的践行主体，更是课堂教学方法改革的推动主体，要想推进课堂教学方法改革，必先让教师深入认识改革课堂教学方法的重要性以及改革其业已熟悉但较为滞后的课堂教学方法的必要性；而要让教师有这些深入认识，必先更新教师的课堂教学方法改革观念。从当前现实看，与其他类型高校教师一样，当下地方普通本科高校教师在入职之前接受的几乎全是学科主导型培养，极少甚至

① 张楚廷. 大学教学学［M］. 长沙：湖南师范大学出版社，2002：371.

全无有关课堂教学理念与方法的课程研习，而正式上岗之前虽然也会接受统一的岗前培训，但由于岗前培训时间很短，难以有足够的时间接受系统的教育与训练，加之不少新入职教师在岗前培训期间仍然承担着一定量的教学与科研工作任务，因而难以通过岗前培训手段促使新入职教师在其内心深处强烈认同课堂教学方法改革的重要性与必要性。鉴于此，地方普通本科高校理应通过定期或不定期的多种层次与形式的在职培训增进教师的课堂教学方法改革意识，促进广大教师更新业已深存于其思想意识层面的课堂教学方法改革观念。从调研结果看，从以下两个方面更新地方普通本科高校教师的课堂教学方法改革观念甚为迫切。

一方面，凸显学生主体的课堂教学方法改革观。其一，促使教师高度认同学生在课堂教学方法改革中的主体地位。迄今为止，有不少教师已经充分认识到大学生在课堂教学方法改革中的主体地位，并且在课堂教学方法改革过程中，本着“一切为了学生，为了学生一切，为了一切学生”的理念指引自己的课堂教学方法改革行为。当然，也有部分教师只是日渐认识到大学生在课堂教学过程中的主体地位，并在课堂教学方法改革过程中出现了大学生主体的影子。遗憾的是，仍有很多教师认为，高校是高深学问探究的场所，大学生由于阅历有限，加之他们早已习惯了中学时代的被动学习模式，因而他们在课堂上往往会在学习惯性的作用下成为接受知识的容器，进而成为知识的被动接受者，由此这部分教师认为，高校教师改革课堂教学方法的根本目的其实就是为了尽可能地增进大学生容纳知识的容量与速度，正因如此，这些高校教师在课堂教学方法改革过程中往往忽视或轻视大学生在课堂教学方法改革中的作用。由认知理论可知，知识是大学生自我认知并自我建构，大学生理应是知识的主动建构者，课堂教学的本质是教师在课堂上有目的、有计划、有组织地引导学生进行学习的活动，在课堂教学过程中，大学生理应是学习的主人，理应是课堂教学的主体，因而理应也是课堂教学方法改革的主体。为此，在课堂教学方法改革过程中，高校教师理应牢固树立大学生亦是课堂教学方法改革的主体之观念，理应在充分考虑大学生现实学习习惯与学习需要的基础上，逐步探索有助于促进大学生在课堂上进行深度学习并获得更高水平课堂学习成效的课堂教学方法；其二，关注大学生的个体差异。地方高校普通本科高校的大学生来自不仅来自五湖四海的不同家庭，而且其个性心理及学习诉求千差万别，因而，在课堂教学方法改革过程中，教师理当兼顾并充分尊重各个学生的差异，在课堂教学方法改革的取向上做到多元化、内容上做到丰富化、形式上做到多样化，以之最大限度地既满足全体学生在知识与技能上的差异性需要，又满足全体学生在情感、态度与价值观上的差异性需要。

另一方面，秉持教法改革与学法改革协同的课堂教学方法改革观。其一，重视学生在课堂上的学法改革，即促进学生改革课堂学习方法。课堂教学是教师与学生在课堂上以知识与技能为载体展开的一种双向互动活动，在这种活动过程中，教师和学生都是课堂教学的主体，其中，教师是教授的主体，学生是学习的主体，教师的教授指向学生的学习，教师教授的根本目的就是促进学生的学习，显然，教师的教法改革和学生的学法改革密切相关，只有两者协同改革，方能最大限度提升课堂教学成效。从某种程度上讲，在课堂教学方法改革过程中，教法改革与学法改革可视为课堂教学方法改革的内因与外因关系，其中教师的教法改革是外因，学生的学法改革是内因，教师改革教法的根本目的是促进学生改革学法，进而实现“教是为了不教”的目的。为此，教师在改革课堂教学方法的过程中，理应重视学生课堂学习方法的改革。为了教师的教法改革与学生的学法能够协同并进地促进学生课堂学习质量的提升，对于教师来说，理应认真研究学生学习心理与学习规律，通过课堂教学活动了解学生个人性格特点，选择最适宜学生的学习方法并指导学生基于个人特点掌握或发现适合自己的学习方法与学习技能；对于学生来说，理应充分发挥自身在改革课堂学习方法上的主动性，积极配合教师改革教法。总之，课堂教学方法改革理应是师生之间相互协同改革的活动，课堂教学方法改革中教师的教法改革与学生的学法改革犹如一辆马车的前轮与后轮，其中教师的教法改革是前轮，学生的学法改革是后轮，前轮控制方向，后轮提供前进动力。即是说，在课堂教学方法改革过程中，教师在课堂上的教法改革为学生在课堂上的学法改革指引了方向，而学生在课堂上的学法改革为整个课堂教学方法改革提供了驱动力，教师在课堂上的教法改革只有与学生在课堂上的学法改革有机协调，才能最大限度地促进课堂教学方法改革顺利实施。

二、促进教师增进课堂教学方法改革精神

课堂教学方法改革精神是指，教师在课堂教学方法改革活动中所体现出来的相应情感与意志。改革是一种创新与创造活动，往往历经相应的困难与挫折，为了改革能够进行下去，改革者必须具有与之相应的勇气、信心与毅力。此处的课堂教学方法改革精神特指，地方普通本科高校教师在地方高校办学条件与办学资源相对不足的情况下，为推进课堂教学方法改革持续前行而表现出来的与之相应的勇气、信心与毅力。在高等教育普及化的今天，地方普通本科高校扩招的速度明显大于其办学资源扩张的速度，其中，教师这一教育第一资源的增长速度更是不及学生的增长速度，而且高等教育普及化时代的地方普通本科高校生源质量普遍不如高等教育精英化时代和高等教育大众化时代的生源质量，因而，对于地方普通本科高校教师来说，要想成功改革课堂教学方法，必然需要比过去付出更多的精力与努力，克服更多的困难甚至挫折。显然，在高等教育普及化的当今时代，只有进一步增进地方普通本科高校教师的课堂教学方法改革精神，才能推进地方普通本科高校教学方法改革顺利实施。从当前形势看，增进地方普通本科高校教师的课堂教学改革精神可以从以下三大方面入手：

一是尽力创造有助于广大教师顺利开展课堂教学方法改革的必要条件，激发广大教师践行课堂教学方法改革的情感。各地方普通本科高校可以通过学校教师代表大会、各级各类座谈会等形式广泛了解教师在课堂教学方法改革上面临的困难与问题，并在此基础上广泛听取广大教师对改革课堂教学方法的诉求与建议。通过这类途径收集并整理有关信息后，尽量满足广大教师的诉求并致力于改进相应的条件，以此倒逼或提

振广大教师参与课堂教学方法改革。

二是适当提高课堂教学方法在整个课堂教学评价指标体系中的权重，促进广大教师增强改革课堂教学方法的毅力。课堂教学方法改革不可能一帆风顺，必然会多种多样的困难与挫折，改革者如果缺少某种维持其改革的足够力量，则课堂教学方法改革活动必将夭折。为此，在课堂教学评价指标体系中，尽量提高课堂教学方法在其中的权重，不仅可以在一定程度上增进广大教师重视课堂教学方法改革的程度，而且可以在一定程度上增进广大教师践行课堂教学方法改革的意志，从而为课堂教学方法改革的持续推进提供必要的智力支撑。

三是适度开展各级各类形式的课堂教学方法改革竞赛，促进广大教师积极参与课堂教学方法改革。目前，各地方普通本科高校往往重视青年教师教学竞赛，并定期组织广大教师积极申报各级各类教学研究项目，这些活动的实施，无疑在一定程度上能够促进部分教师重视并参与课堂教学方法改革。但是，由于这些活动并非直接针对课堂教学方法改革而来，尤其是，对于教学竞赛这类活动，罕见有中老年教师参与的平台，因而，它们对于激发广大教师参与课堂教学方法改革的积极性明显不够。为此，尽量丰富以课堂教学方法改革为主题的各级各类教学改革竞赛活动，十分必要。

三、促进教师增强课堂教学方法改革能力

课堂教学方法改革能力是保障课堂教学方法改革活动能够顺利进行的必要条件，且课堂教学方法改革能力越强，课程教学方法改革的效率也就相应越高。显然，高校教师的课堂教学方法改革能力越强，就越有利于课堂教学方法改革的顺利实施。当前，在高校学科评估及“双一流”建设等评价体系中，科研类指标的总体权重明显大于教学类指标的总体权重，在此背景下，高校及高校教师“重科研轻教学”现象随着出现。为此，地方普通本科高校教师对课堂教学方法改革的重视程度普遍不够，其改革课堂教学方法的能力相应也不够强。为提高地方普通本科高校课堂教学方法改革的成效，理当提升其教师的课堂教学方法改革能

力。从当下地方普通本科高校的实际看，提升教师课堂教学方法改革的措施主要有：

其一，对于新入职教师来说，由于其入职之前极少受过系统的师范教育训练，尤其是缺乏高校课堂教学实践实习，尽管具有较为渊博的学科专业知识与科研能力，但明显缺乏足够的高校课堂教学能力，而其课堂教学方法改革能力必然更为缺乏。为此，在高校新入职教师岗前培训期间，理应通过微格教学训练等手段对其进行课堂教学方法训练，并通过研讨等手段交流课堂教学方法改革经验，以此增进新入职教师的课堂教学方法运用能力及课堂教学方法改革能力。

其二，对业已走上高校讲台的职后教师来说，由于其均有不同程度的课堂教学经验，且对课堂教学方法均具有不同程度的理解与体验，因而，可以采用不同形式的课堂教学方法改革竞赛活动及线上与线下相结合的形式研讨课堂教学方法改革等，进一步增进其提升课堂教学方法改革能力。

第四节　提高学生课堂学习素养

学习素养泛指与学习活动有关的素质与修养，包括对学习的认知与情感、在学习上的意志与能力、对他人的学习指导或建议的反馈等。由于课堂教学是师生在课堂上的互动活动，在课堂教学过程中，教师教的活动与学生学的活动密切相关，因而，两者之间的互动状况共同决定着课堂教学成效及课堂教学质量。由此可见，要想提高课堂教学方法改革的成效，不仅应该增进高校教师的课堂教学方法改革素养，而且还应该增进高校学生的课堂学习素养。对于高校学生来说，尽管决定其课堂学习素养水平的因素很多，但与其课堂学习方法密切相关并直接影响高校教师践行课堂教学方法改革的因素主要与其课堂学习动机、课堂学习行为与课堂学习习惯十分相关，这即是本节的缘起。

一、引导学生端正课堂学习动机

学习动机既是引发、引导、维持学生进行学习活动的内在动力，更是决定学生学习成效的关键要素。课堂学习动机即学生在课堂上的学习动机。对于学生来说，若其课堂学习动机过于功利或较为疲软，都会有碍于其协同教师的课堂教学方法改革，进而最终降低课堂教学方法改革的成效。促使学生端正课堂学习动机，必然有助于课堂教学方法改革的顺利实施。目前，在就业、升学等多重压力的影响下，高校学生的课堂学习动机明显功利，从而在许多课堂上表现为疲软的学习动机状况。具体来说，一旦他们觉得某门课程或某堂课对于其未来就业、升学等的影响不大甚至不会造成直接影响，那么他们在相应的课堂上就会表现出敷衍的学习状态，根本上不愿或不会在相应的课堂上投入更多的时间与精力。由于课堂教学的落脚点是“学”，教师的“教”是为了学生的“学”，课堂教学方法的着力点是学法，教师的教法需要依靠学生的学法才能真正起作用，因而不难推断，如果学生的课堂学习动机功利，则必然难以协同教师改革课堂教学方法，无疑难以保障课堂教学方法改革应有的成效。在此有必要提及一个具有讽刺意味的普遍现象，当高校在调研过程中问询学生们偏爱何种课堂教学方法时，大学生常常更愿意老师们采用自我引导式的课堂教学方法，然而，当教师果真运用自我引导式的课堂教学方法进行课堂教学时，学生们又常常希望这样的课堂教学方法不增加自己更多的学习时间与精力，但却能保证自己获得较高的课程结业成绩，否则他们就采取回避态度或消极应付的态度，甚至宁愿教师在课堂上运用传统的讲授法。为此，引导学生端正学习动机实属急不可待。从当前现实出发，具体做法有；

其一，对学生加强学习观的教育，促使其正确认识学习的价值。对于高校来说，应该设法引导学生树立远大的理想，树立高远的学习目标，务必让学生深入认识到课堂学习的根本目的不是为了获得分数，更不是为了就业与升学，而是获取必要的学科专业知识与技能以及基于学科专业知识与技能之上的学科专业能力。一旦学生有了这样的学习认识，那么其功利性的课堂学习动机必将在不同程度上得到有效降低。

其二，改革课程结业考核方式，促使学生重视课程的过程性学习。在当下地方普通本科高校普遍盛行的课程结业考核方式下，学生们普遍觉得想要通过某门课程的结业考核并获得相应的高分并非难事。其主要原因在于，地方普通本科高校课程结业考核过于注重课程学习的结果而轻视或忽视课程学习的过程，尤其是，绝大多数选修课程仅让学生提交所谓的课程论文或课程小结而罕见对其严格审阅便给予学生成绩。为此，增加过程性学习考核环节，重视多元性的课程考核评价，更重视学生在课堂上的学习表现尤其是课堂互动表现，必然有助于端正学生的课堂学习动机。

其三，加强课程思政的教育力度，促使学生转变功利性学习动机。立德树人是教育的根本追求，对于高校教育来说，由于其教育对象即将正式走进社会并踏上工作岗位，因而理应注重对其进行思想政治教育。针对当前地方普通本科高校学生学习动机功利性明显的现实局面，通过多种渠道与形式的课程思政，增强学生的社会责任感与使命感，促使其从思想上剔除精致的利己主义观念，树立“为中华崛起而读书”的学习观念，进而促使其在课堂上深度学习，继而积极配合教师教法改革而改革各自相应的学法。

二、引导学生改进课堂学习行为

课堂学习行为即指学生在课堂学习过程中表现出来的各种言语行为与非言语行为，既包括有助于增进课堂学习成效的行为，也包括无助于增进课堂学习成效甚至降低课堂学习成效的行为。在融媒体盛行的当今时代，学生学习的渠道明显增多，既不限于传统的教材与课本，也不限于传统的其他图书，还不限于传统的一切报纸杂志，甚至更不限于传统的收音机与录音机等电子信息渠道。在这些的背景下，手机因其功能多样、携带方便而普遍受到学生的青睐。遗憾的是，许多学生因经不起手机中各类 App 推送的多种无关学业的信息而在课堂上对其进行频繁关注，严重分散了其必要的课堂学习精力与注意力。课堂教学是教师的教与学生的学交互的过程，可想而知，学生这样的课堂学习行为不仅直接降低了正常的课堂教学成效，而且直接降低了教师改革课堂教学方法的热情与成效。为此，引导学生改进课堂学习行为，不仅有助于保证课堂中教与学的有效交互，而且有助于学生配合教师改革课堂教学方法。为了切实改进学生的课堂学习行为，当务之急的有效做法主要有：

第一，引导学生深入认识课堂学习的重要价值，增进学生有效的课堂学习行为。高校是探究高深学问的场所，高校学生的学习是一种复杂性学习，高校课堂是需要学生深度参与的课堂。广大地方普通本科高校理应通过多种途径与形式的教育活动，促使学生深刻认识到，在高校课堂上，教师并非简单地传授知识与技能，也不是简单地阐述知识与技能获取的过程与方法，而是通过与学生的深度交流与互动，引导学生发现知识与技能，开启学生的智慧，促进学生创造性地思考，增强学生创新意识与能力。只有让广大学生深刻认识了高校课堂教学的重要价值，才能有效增进其参与课堂学习的主动性与积极性，进而促使其在课堂上深度学习。

第二，加强学生自我管控能力的培养，提高其在课堂上的自我约束力。对于广大高校学生来说，尽管他们业已成年，但自我管控能力依然相当有限，难以抵御手机中某些新奇内容甚至低俗内容的诱惑。为此，对于广大地方普通本科高校来说，通过多种渠道与方式培养学生的自我管控能力，明显有益于其提高自己在课堂上的约束力，确保自己的学习行为与教师的教授行为保持协调。

第三，加强学生课堂学习管理，督促学生遵守必要的课堂纪律。在高等教育普及化的高校课堂上，学生的人数通常较多，无疑增加了教师管理学生课堂学习行为的难度。正因如此，教师为了确保正常的教学任务得以完成，往往漠视学生在课堂上心不在焉、有限违纪甚至有限干扰课堂等行为，从而使得不少学生在课堂上表现出更加放任甚至放肆的行为，进而直接降低了课堂教学成效。显然，缺乏严格管理的课堂，必然不利于教师践行教学方法改革。“无规矩不成方圆”。在高等教育普及化的今天，地方普通本科高校更应制定严格的课堂管理制度，并通过教务处督查、学生辅导员督查、学生班主任督查、学生代表督查以及任课教师督查等手段共同管理课堂，促使全体学生在课堂上全心与教师一起进行交流互动，为教师改革教学方法提供必要的配合与支持力量。

三、引导学生转变课堂学习习惯

课堂学习习惯即学生在课堂上表现出来的学习习惯。前文已述，当前，地方普通本科高校学生“上课记笔记、下课对笔记、临考背笔记、考后全忘记”的现象相当普遍，学生在课堂上往往被动学习，主动思考不足，与教师的交流不够充分，很少主动发问与质疑。毋庸置疑，学生如此被动的课堂学习习惯明显不利于教师推动教学方法改革，理应使其被动式课堂学习向主动式课堂学习转变。针对地方普通本科高校学生的课堂学习现实，本书认为可以从以下三个途径引导广大学生转变课堂学习习惯。

首先，引导学生转变课堂学习观念。高校课堂与中小学课堂最大的区别在于，高校课堂是师生一起共同探究高深学问的主要场所，学生在高校课堂上的学习过程并不是简单地习得知识与技能的过程，而是深度理解知识与技能并发现新的知识与新的技能的过程。为了促使课堂教学方法改革顺利实施，高校教师首先要设法引导学生转变其业已在中小学时代习得且当下已然习以为常的课堂学习观念，为其改革课堂学习习惯提供先决前提。

其次，引导学生调整课堂学习方式。对于广大地方普通本科高校教师来说，可以通过课前给学生布置较为具体的预习任务，课堂给予学生更多发言与质疑的机会，以及必要而适当的启发与点评等形式，积极引导学生走出传统的接受性学习之路，促进学生逐渐养成主动学习与批判性学习的习惯。

再次，引导学生累积课堂互动能力。所谓课堂互动能力，泛指学生基于掌握相应的知识与技能后形成的与课堂教学主题相关度较高的能力。地方普通本科高校师生课堂互动普遍不足，其原因尽管很多，但与学生普遍缺乏课堂互动能力密不可分。为此，地方普通本科高校理应为学生提供足够的实践学习平台与展示能力的机会，促使学生获取更多更厚实的能力，以之为其参与课堂互动提供必要的准备。

参考文献

一、著作

［1］列宁选集(第一卷)［M］. 北京：人民教育出版社，1962：241.

［2］黑格尔. 逻辑学(下卷)［M］. 北京：商务印书馆，1976：532.

［3］辞海（缩印本）［M］. 上海：上海辞书出版社，1979：228.

［4］契尔耶葛卓娃. 教师师德［M］上海：华东师大出版社，1982：75.

［5］夏禹龙，刘吉，冯之. 领导科学基础［M］. 南宁：广西人民出版社，1983：13.

［6］大连理工大学. 国外高等工程教育［M］. 大连：大连理工大学出版，1984：48-50.

［7］鲍良克. 教学论［M］. 钟启泉，译. 上海：上海教育出版社，1986：280-281.

［8］巴班斯基. 教育学［M］. 李子卓，等译，北京：人民教育出版社，1986：206.

［9］布鲁贝克. 高等教育哲学［M］. 王承绪，等译 . 杭州：浙江教育出版社，1987：102-103.

［10］克拉克. 高等教育新论：多学科的研究［M］. 王承绪，等译. 杭州：浙江教育出版社，1988：36.

［11］吴文侃，杨汉清. 比较教育学［M］. 北京：人民教育出版社，1989：549.

［12］顾明远．教育大辞典［M］．上海：上海教育出版社，1990：257-258.

［13］李秉德．教学论［M］．北京：人民教育出版社，1991：197.

［14］李定仁．大学教学原理与方法［M］．北京：科学出版社，1994：108.

［15］李定仁．大学教学原理与方法［M］．北京：科学出版社，1994：125.

［16］潘懋元，王伟廉．高等教育学［M］．福州：福建教育出版社，1995：189，194，201，209，228.

［17］潘懋元．新编高等教育学［M］．北京：北京师范大学出版社，1996：207，235，327，349，380，436-439，460，482.

［18］《列宁选集》第 4 卷［M］．北京：人民教育出版社，1996：348.

［19］黄甫全，王本陆．现代教学论学程序［M］．北京：教育科学出版社，1998：141-142，240-241，254-255，364，578-579.

［20］张应强．文化视野中的高等教育［M］．南京：南京师范大学出版社，1999：75.

［21］范先佐．教育经济学［M］．北京：人民教育出版社，1999：241，250.

［22］富兰．变革的力量：透视教育改革［M］．中央教科所，加拿大多伦多国际学院译．北京：教育科学出版社，2000：220.

［23］姚启和．高等教育管理学［M］武汉：华中理工大学出版社，2000：45，242.

［24］富兰．变革的力量：透视教育改革［M］．中央教科所，加拿大多伦多国际学院译．北京：教育科学出版社，2000：13.

［25］姚启和．高等教育管理学［M］．武汉：华中理工大学出版社，2000：3，101.

［26］陈向明．质性研究方法与社会科学研究［M］．北京：教育科学出版社，2000：7-13，170 257，290，292.

［27］薛天祥. 高等教育管理学［M］. 桂林：广西师范大学出版社，2001：110.

［28］布鲁贝克. 高等教育哲学［M］. 杭州：浙江教育出版社，2001：114.

［29］杜威. 民主主义与教育［M］. 王承绪，译. 北京：人民教育出版社，2001：59-76.

［30］薛天祥. 高等教育学［M］. 桂林：广西师范大学出版社，2001：214-217.

［31］陈向明. 教师如何作质性研究［M］. 北京：教育科学出版社. 2001：160.

［32］肯尼迪. 学术责任［ M］. 北京：新华出版社，2002：77.

［33］中国社会科学院语言研究所词典编辑室. 现代汉语词典 2002年增补本［M］. 北京：商务印书馆，2002：353.

［34］博耶. 关于美国教育改革的演讲［M］. 北京：教育科学出版社，2002：78.

［35］黄甫全. 课程与教学论［M］. 北京：高等教育出版社，2002：498，545.

［36］张楚廷. 大学教学学［M］. 长沙：湖南师范大学出版社，2002：328-329，340，371.

［37］熊志翔. 高等教育制度创新论［M］. 广州：广东高等教育出版社，2002：146，156.

［38］中国社会科学院语言研究所词典编辑室. 现代汉语词典（2002）［M］. 北京：商务印书馆，2002：1348.

［39］纳普尔，等. 高等教育与终身学习［M］. 徐辉，等译 . 上海：华东师大出版社，2003：181，195.

［40］杜德斯达. 美国公立大学的未来［M］. 北京：北京大学出版社，2006：26-27.

［41］巴班斯基. 教学过程最优化：一般教学论方面［M］. 张定璋，等译，北京：人民教育出版社，2007：53-68.

［42］博克. 回归大学之道：对美国大学本科教育的反思与展望［M］. 上海：华东师范大学出版社，2008：28.

［43］王道俊，郭文安. 教育学［M］. 北京：人民教育出版社，2009：234.

［44］科恩. 美国高等教育通史［M］. 北京：北京大学出版社，2010：162.

［45］程星. 世界一流大学的管理之道［M］. 北京：北京大学出版社，2011：142.

［46］徐红. 现代教育研究方法［M］. 北京：科学出版社，2018：70.

［47］L. A. Pervin，Handbook of Personality：Theory and Research［M］NewYork：Guilford Press，1990.

［48］Michael Quinn Patten，Qualitative Evaluation and Research Methods，2nd ed.，Newbury Park：Sage Publication USA. 1992.

［49］Cuban L. How teachers taught：constancy and change in American classrooms，1890-1990［M］. New York：Teachers College Press，1993:68-69.

［50］Hargreaves A. Teaching in the knowledge society：Education in the age of insecurity［M］. Teachers College Press，2003：38-40.

［51］BOKD. Our Underachieving College［M］. Princeton University Press，2006：48-49.

［52］CUBAN L. How teachers taught：constancy and change in American classrooms，1890-1990［M］. Teachers College Press，1993：68-69.

［53］HARGREAVES A. Teaching in the knowledge society：education in the age of insecurity［M］. Teachers College Press，2003：38-40.

［54］杜威. 民主主义与教育［M］. 王承绪，译. 北京：人民教育出版社，2001：59-76.

[55] CAO Y. Cultivation of autonomous learning ability-essential requirement for college students [C] //Proceedings of the International Conference on Information Engineering and Applications (IEA) 2012. Springer, London, 2013: 11-18.

[56] MOHD-YUSOF K, PHANG F A, HELMI S A. How to develop engineering students' problem solving skills using cooperative problem based learning (CPBL) [C] //Engineering leaders world congress on engineering education 2013. Hamad bin Khalifa University Press (HBKU Press), 2014, 2014 (3): 30.

[57] DAVIS J. Teaching strategies for the college classroom [M]. Routledge, 2019.

二、中文期刊

[1] 石实. 大学教学方法的现状与分析 [J]. 高等教育研究，1990 (1): 57-61.

[2] 大光. 永井道雄的高等教育思想 [J]. 高教文摘，1991 (5).

[3] 王凤峣. 教法改革与学法改革应同步进行 [J]. 高等建筑教育，1993 (2): 21-23.

[4] 黄甫全. 关于教学、课程等几个术语含义的中外比较辨析 [J]. 课程·教材·教法，1993 (7): 54-57.

[5] 房克山，孔密. 论改革教学方法与创造教育的关系 [J]. 齐齐哈尔社会科学 1998 (5): 2.

[6] 陶云，刘艳. 高等教育改革新探 [J]. 湖北工程学院学报，1999 (2): 69-72.

[7] 李进才. 大学生创新能力培养与大学教学方法改革 [J]. 武汉大学学报（哲学社会科学版），1999 (4): 138-142.

[8] 王庆菊. 知识经济与高校素质教育 [J]. 山东农业大学学报（社科版），2000 (3): 84-86.

[9] 魏春燕，李林. 日本高等教育改革：现状与展望 [J]. 外国教

育研究，2000（3）：41-45.

［10］董永江. 研究性学习方法探析［J］. 南都学坛（哲社版），2000（4）：113-114.

［11］卢乃桂. 信息社会的人才要求［J］. 教育研究，2000（11）：8-11.

［12］夏燕. 谈课堂教学中的教与学［J］. 昆明冶金高等专科学校学报，2001（1）：48-51.

［13］张应强. 制度创新与我国建设世界一流大学［J］. 现代大学教育，2001（4）：3-6.

［14］潘成云. 高校课堂教学模式的选择［J］. 扬州大学学报（高教研究版），2001（4）：72-73.

［15］孙延臣，赵慧萍. 必须加快高等学校教学改革［J］. 辽宁教育研究，2001（12）：43-45.

［16］李红宇. 教学观念和教学方法的变革［J］. 北京联合大学学报，2001（S1）.

［17］顾建民，董小燕. 美国高校的学术反思与学术评价［J］. 高等教育研究 2002（2）：100-104.

［18］冯向东. 学科、专业建设与人才培养［J］. 高等教育研究，2002（3）：67-71.

［19］王晓玲. 知识经济对我国传统教育观念的挑战［J］. 河北理工学院学报（社科版），2002（3）：64-67.

［20］陈晓云，叶先宝. 浅谈本科生导师制的实施［J］. 高等理科教育，2002（4）.

［21］徐继存. 教学方法阐释［J］. 西南师范大学学报（文人社会科学版），2002（6）：58-62.

［22］顾佩华. 教师节，我也给学生送礼物［J］. 江苏教育研究，2002（12）：64.

［23］陈激扬，黄蕙. 改革教学方法培养学生能力［J］. 重庆电力高等专科学校学报，2003（1）：58-60.

[24] 冯向东. 推行学分制：教学制度与观念的深刻变革 [J]. 高等教育研究，2003 (6)：59-63.

[25] 郑东辉. 论高校教学方法的个体生成性 [J]. 教育与现代化，2005 (3)：69-73.

[26] 刘亮. 弥合数字鸿沟把握数字化机遇：英美远程高等教育之比较 [J]. 现代大学教育，2007 (1) ：74-77.

[27] 李茂科. 高校教学督导理论研究综述 [J]. 当代教育论坛，2007 (3) ：27-29.

[28] 张从容. 提高高校课堂教学质量的对策研究 [J]. 黑龙江高教研究，2007 (12)：164-166.

[29] 徐秋云，高启达，孙峰. 高校教师提高课堂教学质量的途径探讨 [J]. 科技信息 (学术研究)，2007 (16)：327.

[30] 黄勇荣. 日本高校教学质量保障的特点及启示 [J]. 产业与科技论坛，2008 (2)：218-219.

[31] 刘鸣. 高师院校创新人才培养的使命、问题与对策 [J]. 中国大学教学，2008 (8)：16-19.

[32] 马凤岐，王伟廉. 教学方法改革在人才培养模式改革中的地位 [J]. 中国大学教学，2009 (3)：11-13

[33] 别敦荣. 大学教学方法创新与提高高等教育质量 [J]. 清华大学教育研究，2009，(4)：95-101.

[34] 刘智运. 必须重视大学教学方法的改革与创新 [J]. 教学研究，2010 (1)：33-37.

[35] 张忠华，赵明星. 现代大学教学方法存在问题与改革路径探析 [J]. 湖北函授大学学报，2010 (4)：1-3.

[36] 俞婷. 高校思想政治理论课教学方法的调查与思考 [J]. 教学研究，2010，33 (3)：58-60，85.

[37] 张静. 我国高校课堂教学方法存在的问题及改革策略 [J]. 天中学刊，2010，25 (3)：136-138.

[38] 陈雪莹. 以能力培养为中心的高校课堂教学方法改革探析

[J]. 黑龙江教育（高教研究与评估），2011（12）：39-41.

[39] 樊素梅. 浅议高校课堂教学方法改革的策略 [J]. 湖北成人教育学院学报，2011，17（3）：11-12.

[40] 李志义. 推进十个转变实现大学教学改革新突破 [J]. 中国高等教育，2012（17）：25-29.

[41] 李永安. 我国大学课堂教学的改革策略 [J]. 中国高等教育，2013（5）：33-35.

[42] 王鉴，王明娣. 大学课堂教学改革问题：生活世界理论的视角 [J]. 高等教育研究，2013，34（11）：77-83.

[43] 薛国凤. 从“局外”走向“局内”：高校教学督导理论与实践问题的探讨 [J]. 高等教育研究，2014（ 6）：86-90.

[44] 刘珍珍，周文学. 高等学校课堂教学方法改革思考 [J]. 内蒙古财经大学学报，2015（1）：138-141.

[45] 刘一鸣. 中美大学生学习能力比较及培养途径 [J]. 教育理论与实践，2016（36）：62-64.

[46] 曹净植，王晓杰，宁南. 多要素融合下课堂教学方式的构建 [J]. 黑龙江高教研究，2016（10）：157-159.

[47] 蒋凯. 声誉追寻下的大学迷思 [J]. 大学教育科学，2018（6）：4-12.

[48] 王思思，郭丽君. 我国高校教学督导制度效用分析：基于理性选择制度主义视角 [J]. 高等农业教育，2018（06）：30-35.

[49] 毛利丹. 基于新时代本科教育的地方高校教师课堂教学问题探究 [J]. 河南教育学院学报（哲学社会科学版），2019（3）：49-52.

[50] 黄兴胜. 近年来英国高等教育的发展特点、趋势及启示 [J]. 世界教育信息，2019，（7）：7-13.

[51] 付明. 新课程体系下高校法治教育课堂教学方法探析 [J]. 高教学刊，2021，7（17）：100-103.

[52] 吕斐宜. 高校通识选修课教学方法改革探索：以大学生心理健康教育课体验式教学为例 [J]. 湖北经济学院学报（人文社会科学

版），2021，18（9）：144-146..

［53］焦艳. 高校思想政治理论课教学方法改革和创新［J］. 中学政治教学参考，2022，853（13）：89.

［54］关慧仪. 现代教育理念下高校教学方法创新［J］. 中学政治教学参考，2022，841（1）：83.

三、外文期刊

［1］FALLAC Eallace T D. Tracing John Dewey's influence on progressive education，1903-1951：toward a received Dewey［J］. Teachers college record，2011（3）：463-492.

［2］SCOTT J C. The mission of the university：medieval to postmodern transformations［J］. The journal of higher education，2006（1）：1-39.

［3］MARK L，PHILLIP N，LISA G. A national systems view of university entrepreneurialism：Inferences from comparison of the German and US experience［J］. Research policy，2009，（38）：268-280.

［4］SAJJAD S. Effective teaching methods at higher education level［J］. Pakistan journal of special education，2010（11）：29-43.

［5］STOYANOVA E. Empowering students' problem solving via problem posing：the art of framing'good'questions［J］. Australian mathematics teacher，2000，56（1）：33-37.

［6］SIVARAJAH R T，CURCI N E，JOHNSON E M，et al. A review of innovative teaching methods［J］. Academic radiology，2019，26（1）：101-113.

［7］REGMI K. A review of teaching methods--lecturing and facilitation in higher education（HE）：a summary of the published evidence［J］. Journal of effective teaching，2012，12（3）：61-76.

［8］Royal Academy of Engineering. Educating Engineers for the 21st Century. London［J］. UK：The royal academy of engineering，2007.

[9] SHCHERBAKOVA I A, IIINA M S. Foreign language communicative competence formation of university students by using interactive teaching methods [J]. The new educational review, 2019, 57: 173-183.

[10] YAO C W, COLLINS C. Perspectives from graduate students on effective teaching methods: a case study from a Vietnamese Transnational University [J]. Journal of further and higher education, 2019, 43 (7): 959-974.

[11] TRAXLER J. Defining, discussing and evaluating mobile learning: the moving finger writes and having writ. current state of mobile learning [J]. International review on research in open and distance learning, 2007, 8 (2): 9-24.

[12] MBUKUSA N R. Perceptions of students' on the use of WhatsApp in teaching methods of English as second language at the University of Namibia [J]. Journal of curriculum and teaching, 2018, 7 (2): 112-119.

[13] MACLEOD J, YANG H H, ZHU S, et al. Understanding students' preferences toward the smart classroom learning environment: development and validation of an instrument [J]. Computers & education, 2018, 122: 80-91.

[14] YANG J, PAN H, ZHOU W, et al. Evaluation of smart classroom from the perspective of infusing technology into pedagogy [J]. Smart learning environments, 2018, 5 (1): 1-11.

[15] PHOONG S Y, PHOONG S W, MOGHAVVEMI S, et al. Effect of smart classroom on student achievement at higher education [J]. Journal of educational technology systems, 2019, 48 (2): 291-304.

[16] DUBIN R, TAVEGGIA T C. The teaching-learning paradox: a comparative analysis of college teaching methods [J]. 1968.

[17] SAMUEL A B, RAHMAN M M. Innovative teaching

methods and entrepreneurship education: A review of literature [J]. Journal of research in business, economics and management, 2018, 10 (1): 1807-1813.

[18] CHALLA K T, SAYED A, ACHARYA Y. Modern techniques of teaching and learning in medical education: a descriptive literature review [J]. Med ed publish, 2021, 10 (18): 18.

[19] MCKEACHIE W J. Research on college teaching: a review [J]. 1970.

[20] ZHENG X. Reform of university english teaching and examination based on stratified teaching method and mobile computing [J]. Wireless communications and mobile computing, 2022.

四、学位论文

[1] 彭军军. 基于“金课”建设的地方普通本科高校课堂教学方法改革研究：以S大学为例 [D]. 荆州：长江大学，2021.

[2] 徐红. 普通本科高校教学方法之案例研究 [D]. 广州：华南师范大学，2004.

[3] 池颖. 我国高校科研创新团队建设研究 [D]. 长春：吉林大学，2009.

[4] 徐子涵. 研究型大学本科课堂教学方法运用现状研究：基于L大学的调查研究 [D]. 兰州：兰州大学，2018.

[5] 沈舒予. 本科高校新任教师教学能力研究：以山东省五所本科高校为例 [D]. 济南：山东财经大学，2019.

[6] 高婷婷. 基于大学生核心素养的高校课堂教学改革研究 [D]. 哈尔滨：黑龙江大学，2020.

五、其他

[1] 教育部. 关于加强高等学校本科教学工作提高教学质量的若干意见 [EB/OL]. (2001-08-28) [2021-08-15]. http://www.moe.gov.

cn/s78/A08/gjs_left/s5664/moe_1623/201001/t20100129_88633. html.

[2] 李青，胡捍英，张天忠，等. 探索过程教学，激发自主学习[C] 中国电子教育学会高教分会 2012 年论文集中国电子教育学会会议论文集. 辽宁：大连，2012：19-22.

[3] 高校改革关键在于行政放权 [EB/OL]. (2002-10-08) [2021-08-01]. http://news. southcn. com/china/gdspcn/spmeiri/200310080538. htm.

[4] 西南交大网上公开教师学术业绩 [EB/OL]. (2003-10-09) [2021-08-21]. http://zqb. cyol. com/content/2003-10/09/content_744753. htm.

[5] MARTIN J. Computers in Teaching Initiative [EB/OL]. (1996-09-19) (2020-12-10). http://www. ariadne. ac. uk.

[6] N. Schaper Fachgutachten zur Kompetenzorientierung in Studium und Lehre [Expertise on competence orientation in higher education] (2012) [2022-10-16]. https://www. hrk-nexus. de/fileadmin/redaktion/hrk-nexus/07-Downloads/07-02-Publikationen/fachgutachten_kompetenzorientierung. pdf.

[7] German Council of Science and Humanities, Berlin, Germany (2008) [2022-10-18]. https://www. wissenschaftsrat. de/download/archiv/8639-08. pdf.

[8] EHEA Ministerial Conference Leuven-Communiqué: The Bologna Process 2020: The European Higher Education Area in the new decade (2009) [2022-10-18]. http://media. ehea. info/file/2009_Leuven_Louvain-la-Neuve/06/1/Leuven _ Louvain-la-Neuve _ Communique _ April _ 2009 _ 595061. pdf.

[9] EHEA Ministerial conference Bucharest Communiqué: making the most of our potential: consolidating the European higher education area retrieved from (2012-04-26) [2022-10-18]. http://media. ehea. info/file/2012 _ Bucharest/67/3/Bucharest _ Communique _ 2012 _ 610673. pdf.

附　　录

附录 1. 课堂观察表

高校课堂行为观察表

观察时间	
观察地点	
观察对象	教师和学生
观察内容	师生互动行为
观察到的具体行为	
对师生课堂行为的反思	

附录 2. 访谈提纲

2.1 高校教学管理人员访谈提纲

1. 请问您有过系统的师范教育训练经历吗？您受过系统的教育管理培训吗？

2. 您是怎样理解课堂教学方法这个概念的？

3. 您对贵校课堂教学方法及改革的现状有何看法？

4. 您认为影响贵校课堂教学方法及其改革的因素有哪些？

5. 您认为教学观念、文化传统、教学技术、教学管理体制等对课堂教学方法及其改革有影响吗?

6. 您认为影响贵校课堂教学方法改革的关键因素是什么?

7. 对于课堂教学方法改革，您认为贵校师生各自持有什么样的态度?

8. 贵校在课堂教学方法改革上采用了哪些措施?

9. 您认为贵校课堂教学方法改革的成效主要体现在哪些方面? 还存在哪些需要改进的问题? 可以通过哪些途径进一步改进课堂教学方法呢?

10. 您认为在新的历史时期，地方普通本科高校改革课堂教学方法的最大困境是什么?

2.2　高校教师访谈提纲

1. 请问您所任教的学科与专业是什么?

2. 请问您认为有必要开展教师岗前培训吗?

3. 您入职之前是否受过系统的师范教育训练?

4. 您认为贵校当前更重视科研还是更重视教学?

5. 您是怎样理解课堂教学方法这个概念的?

6. 您对贵校课堂教学方法改革的现状有何看法?

7. 贵校是否定期开展教学竞赛活动? 对此，您有何看法?

8. 您认为影响课堂教学方法改革的因素究竟有哪些?

9. 您认为什么是影响课堂教学方法改革的关键因素呢?

10. 您认为教学观念、文化传统、教学技术、教学管理体制等对课堂教学方法改革有影响吗?

11. 您认为学生在课堂教学方法改革上持有什么态度?

12. 您践行过课堂教学方法改革吗? 可以谈谈您的改革措施或策略吗? 学生配合您的课堂教学方法改革吗?

13. 您经常运用的课堂教学方法有哪些?

14. 您认为课堂教学方法改革的途径主要有哪些?

15. 您认为讲授法的含义是什么?

16. 您认为学生的素质对您选用课堂教学方法有影响吗？
17. 您经常采用多媒体等现代教育技术手段上课吗？
18. 您认为大学生仅仅是“受教育者”吗？为什么？
19. 您认为教学目标和教学内容对您的课堂教学方法有影响吗？
20. 您是否经常引导并组织学生讨论问题？您的学生开展合作学习的情况怎样？

附录 3. 问卷调查表

3.1　地方普通本科高校课堂教学方法改革现状调查问卷（教师卷）

尊敬的老师：

您好！

我们是“地方普通本科高校课堂教学方法改革现状调查研究”项目组的成员，目前正在着手一项普通本科高校课堂教学方法改革现状的调查研究。您是既有一定教育理论功底又有一定教育实践经验的老师，我们渴望倾听您对这一问题的看法。现恳请您能够抽出一点宝贵的时间帮助我们完成本问卷。本问卷采取匿名方式作答，不涉及个人隐私，且答案无对错之分，请您按照您个人的真实想法填写，衷心感谢您的支持与合作！

《地方普通本科高校课堂教学方法改革现状调查研究》课题组

一、请在下列各题中选择与您个人实际情况相符的答案，并在相应的答案处画“√”。

1. 您的年龄是（　）

A. 30 岁及以下　B. 30—35 岁　C. 36—45　D. 46—55 岁

E. 56 岁及以上

2. 您的性别是（　）

A. 男　　　　　B. 女

3. 您的最后全日制学历是（　）

A. 专科　B. 本科　C. 硕士研究生

D. 博士研究生（博士后）　E. 其他

4. 您的职称是（　）

A. 教授　B. 副教授　C. 讲师　D. 助教

5. 您目前所在的学校类型是（　）

A. 普通一本高校　B. 普通二本高校

C. 其他

6. 您所任教的学科是（　）

A. 自然科学类　B. 人文社科类

7. 您所在的岗位是（　）

A. 科研岗　B. 教学科研岗　C. 教学岗

D. 管理岗　E. 其他

二、请您根据自身的感受，在下列各题中选择一项最能反映您真实想法的答案，并在相应处画“√”。

1. 您在课堂教学方法改革方面做了很多努力。

A. 非常符合　B. 比较符合　C. 不能确定

D. 不太符合　E. 很不符合

2. 您的教学质量在您改革课堂教学方法之后有了明显提高。

A. 非常符合　B. 比较符合　C. 不能确定

D. 不太符合　E. 很不符合

3. 学生的到课率在您改革课堂教学方法之后有了明显提高。

A. 非常符合　B. 比较符合　C. 不能确定

D. 不太符合　E. 很不符合

4. 贵校在课堂教学方法改革方面的投入力度很大。

A. 非常符合　B. 比较符合　C. 不能确定

D. 不太符合　E. 很不符合

5. 贵校的课堂教学方法改革取得了明显的成效。

A. 非常符合　B. 比较符合　C. 不能确定

D. 不太符合　E. 很不符合

6. 您经常预期课堂教学方法改革之后的教学状况。

A. 非常符合　B. 比较符合　C. 不能确定

D. 不太符合　E. 很不符合

7. 您注重比较课堂教学方法改革前后的教学质量。

A. 非常符合　B. 比较符合　C. 不能确定

D. 不太符合　E. 很不符合

8. 您很留意学生是更喜欢多媒体教学还是更喜欢传统手段（粉笔＋黑板）教学。

A. 非常符合　B. 比较符合　C. 不能确定　D. 不太符合

E. 很不符合

9. 贵校定期召开课堂教学方法改革研讨会。

A. 非常符合　B. 比较符合　C. 不能确定　D. 不太符合

E. 很不符合

10. 贵校经常开展课堂教学方法改革评 0 比活动。

A. 非常符合　B. 比较符合　C. 不能确定

D. 不太符合　E. 很不符合

11. 您会千方百计克服课堂教学方法改革中遭遇的各种挫折。

A. 非常符合　B. 比较符合　C. 不能确定

D. 不太符合　E. 很不符合

12. 当您的课堂教学方法改革没有带来令您满意的成效时，您通常会淡化教学方法改革意识。

A. 非常符合　B. 比较符合　C. 不能确定

D. 不太符合　E. 很不符合

13. 您改革课堂教学方法的出发点是为了促进您的学生更有效地学习。

A. 非常符合　B. 比较符合　C. 不能确定

D. 不太符合　E. 很不符合

14. 您非常希望通过改革课堂教学方法来增进学生的学习兴趣。

A. 非常符合　B. 比较符合　C. 不能确定

D. 不太符合　E. 很不符合

3.2 地方普通本科高校课堂教学方法改革现状调查问卷（学生卷）

亲爱的同学：

你好！

我们是“地方普通本科高校课堂教学方法改革现状调查研究”项目组的成员，目前正在着手一项地方普通本科高校课堂教学方法改革现状的调查研究。你是高校课堂教学方法改革的直接感受者，我们渴望倾听你对这一问题的看法。现请你能够抽出一点宝贵的时间帮助我们完成本问卷。本问卷采取匿名方式作答，不涉及个人隐私，且答案无对错之分，请你按照你个人的真实想法填写，衷心感谢你的支持与合作！

《地方普通本科高校课堂教学方法改革现状调查研究》课题组

一、请在下列各题中选择与您个人实际情况相符的答案，并在相应的答案处画“√”。

1. 你目前所在的年级是（　）

A. 大一　　B. 大二　　C. 大三

D. 大四　　E. 大五

2. 你的性别是（　）

A. 男　　B. 女

3. 你目前所在的学校类型是（　）

A. 普通一本高校　　B. 普通二本高校

C. 其他

4. 您目前所学专业属于的学科类型是（　）

A. 自然科学类　　B. 人文社科类

二、请你根据自身的感受，在下列各题中选择一项最能反映你真实想法的答案，并在相应处画“√”。

1. 你对老师改革后的课堂教学方法很满意。

A. 非常符合　　B. 比较符合　　C. 不能确定

D. 不太符合　　E. 很不符合

2. 老师改革课堂教学方法之后，你们班同学的逃课率明显减低了。

A. 非常符合　　B. 比较符合　C. 不能确定

D. 不太符合　　E. 很不符合

3. 老师改革课堂教学方法之后，你们班同学更愿意主动参与课堂互动了。

A. 非常符合　　B. 比较符合　C. 不能确定

D. 不太符合　　E. 很不符合

4. 你上课的教室中，有多媒体设备的教室数量明显增加了。

A. 非常符合　　B. 比较符合　C. 不能确定

D. 不太符合　　E. 很不符合

5. 你的老师中运用多媒体手段进行教学的人数明显增多了。

A. 非常符合　　B. 比较符合　C. 不能确定

D. 不太符合　　E. 很不符合

6. 老师经常询问你们班上同学有关课堂教学方法改革前后的感受。

A. 非常符合　　B. 比较符合　C. 不能确定

D. 不太符合　　E. 很不符合

7. 学校经常询问你们有关任课教师改革课堂教学方法前后的感受。

A. 非常符合　　B. 比较符合　C. 不能确定

D. 不太符合　　E. 很不符合

8. 你不会因为老师教法的改变而改变你自己的学习方法。

A. 非常符合　　B. 比较符合　C. 不能确定

D. 不太符合　　E. 很不符合

9. 你从不关心老师运用何种课堂教学方法开展教学活动。

A. 非常符合　　B. 比较符合　C. 不能确定

D. 不太符合　　E. 很不符合